感じて 楽しむ
身体表現
～保育者のための15のアイデア～

佐藤みどり・上野奈初美　編著

萌文書林
Houbunshorin

はじめに

　「"身体表現"ってどんなことやるの？ダンス？ダンスは苦手、リズムにのれないし…」というつぶやきが聞こえてきます。一方、子どもたちはあこがれのヒーローやヒロインになりきって感じたままを動きで表して遊んでいます。素直に体で表すことができる幼児期の特性をふまえ、身体表現の楽しさを十分に味わい、自分なりの表現を通して豊かな感性や表現力を育みたいものです。

　本書は、学生の皆さんが身体表現に楽しく取り組めるアイデア満載のテキストです。"走る""跳ぶ"など身近な動きからでも、伸び伸び楽しく体を動かしているうちに、発表会や運動会で披露できる作品に発展できるようになっています。しかも、いずれの活動も保育実践に十分活用できるのです。「身体表現はやったことがないけど、園での実習や保育現場で子どもたちと一緒に思いきってトライしてみよう」という学生の皆さんに実践していただくことを想定してイラストをふんだんに盛り込みました。こんなイメージならこの動きが正解という答えはありません。自分自身の表現に自信をもって堂々と体を動かしてみましょう。それが指導上手になる近道なのです。

　本書を作成するにあたり、活動実践や写真提供のご協力をいただきました正栄学園認定こども園湘南こども園（神奈川）の先生方に心より感謝申し上げます。また西田ヒロコ氏は、自然体で生き生きと動きが伝わるイラストを描いてくださいました。編集の鈴木希弥子氏には、企画段階から出版まで情熱をもって携わっていただき、動きのニュアンスを書面に起こす難しさを共に悩み考えたくさんのアイデアを賜りました。ご両名にも深く感謝申し上げます。

　学生の皆さんにとって、自ら体を動かしたくなる、子どもたちと一緒に楽しみたくなる、そんなハンドブックとして活用していただけたら幸いです。

令和6年2月　佐藤みどり　上野奈初美

3

目　次

体つくり・動きつくり編
心と体をほぐして表現の世界へ

伝承遊び・ゲーム・リズム遊び編
心と体を弾ませて表現の世界へ

模倣遊び・見立て遊び・表現編
心と体を解放して表現の世界へ

シラバス対応について

　幼稚園教諭養成課程、保育士養成課程では、領域に関する専門的な知識の理解とともに、具体的な実践につなげる方法（技術等）の教授内容をシラバスに記載することを定めています。本書は、各養成校のシラバスに基づいた授業計画の中で、自由に活用できる構成になっています。また、新任の保育者の方々にも日常の保育で使えるアイデアが満載されています。

> **領域「表現」に関する専門的事項**
> 　全体目標：幼児の表現の姿やその発達及びそれを促す要因、幼児の感性や創造性を豊かにする様々な表現遊びや環境の構成などの専門的事項についての知識・技能、表現力を身に付ける。
>
> **保育内容「表現」の指導法**
> 　全体目標：感じたことや考えたことを自分なりに表現することを通して、豊かな感性や表現する力を養い、創造性を豊かにすることを目指す。

　以下に到達目標（学習成果）のキーワードを示しましたので参考にしてください。

	到達目標（学習成果）
a	感じる・見る・聞く・楽しむ→イメージを豊かにすることができる
b	身の周りのものを諸感覚で捉える→特性に応じた表現ができる
c	表現することの楽しさを実感→楽しさを生み出す要因について分析できる
d	協働→他者の表現を受け止め共感し、より豊かな表現につなげることができる
e	基礎的な知識技能を生かす→幼児の表現活動に展開させることができる

『幼稚園教諭の養成の在り方に関する調査研究報告書』をもとに作成

本書の単元	学習成果
体つくり・動きつくり編	
1人でできるストレッチをしてみよう	a
クラス全員で心身をほぐしてみよう	a・d
ラジオ体操を楽しもう	a・c
オリジナル体操をつくってみよう	a・e
伝承遊び・ゲーム・リズム遊び編	
あんたがたどこさ	c
鬼遊び（リスと家〜ところてん）	a・d・e
体と脳を使ったじゃんけんゲームをしてみよう	a・c
手遊びからステップへ	a・c・e

本書の単元	学習成果
8-8-4-4-2-2-1-1-1-1のリズムで	a・b・c
リズムにのって踊ってみよう	a・b・c
模倣遊び・見立て遊び・表現編	
しんぶんしで遊ぼう	a・b・e
ぴよぴよちゃん（真似っこ遊び）	a・b・d・e
忍者・ヒーロー・ロボット	a・b・c・d・e
身近なものを使って表現してみよう	a・b・d・e
思い出のアルバム（発表会に向けて）	a・b・c・d・e

本書の活用方法

　本書は学習内容を大きく3つのパートに分けて構成しました（図）。【体つくり・動きつくり編】では心も体もほぐし、【伝承遊び・ゲーム・リズム遊び編】では遊びを手がかりに、【模倣遊び・見立て遊び・表現編】で表現の世界に没頭できるようになっています。横にスライドするにつれて＜動き＞に＜イメージ＞が付加され、より表現の世界へと誘われるように構成されているのです。

　また、各パートの縦軸をなぞると、1つの題材から発達段階や実態に合わせて展開・発展していけるようになっています。シンプルな動きを楽しむ段階から発表会や運動会でみせる（披露する）作品へとつながっています。このように【体つくり・動きつくり編】の1人でできるストレッチからクラス全員で…と順序だてて学習することも可能ですが、【伝承遊び・ゲーム・リズム遊び】の取り組みやすいゲームから始めても楽しく学ぶことができます。全ての題材が見開き完結型で、体を動かしながら手元に置いて確認できる仕様となっていますし、どの頁も■準備⇒■やってみよう⇒■活動の振り返りと学びがスムーズに深まる流れとなっていますので、興味のわいたトピックから挑戦してみてください。指導案2編も活用しましょう。

体つくり・動きつくり編

心と体をほぐして 表現の世界へ

身体表現の基礎（土台）となる体ほぐしや体つくり・動きつくりから始めましょう。ストレッチやシンプルな動きも、好きな曲を流せばリラックスでき繰り返し行えます。園のオリジナル体操へと発展するこのパートでは、少しの工夫で身体表現の世界への一歩を踏みだしていることに気付きましょう。

楽しむ

1 1人でできる ストレッチをしてみよう

■ 準 備

　運動を始める前に準備運動を行うことは大事です。準備運動を行うことで「これから運動をする」という気持ちの切り替えにもなり、また、運動をするということを筋肉に伝えることにもなります。準備運動でよく行われるのは屈伸や伸脚やアキレス腱伸ばしなどが多いですが、ここでは1人でできるストレッチを紹介します。

①

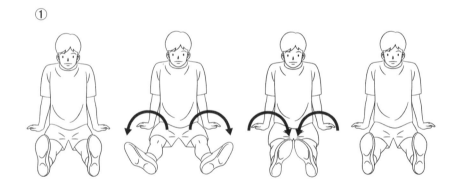

　まず1つ目は、股関節から脚全体のストレッチです。長座の姿勢になり脚を真っすぐに伸ばします。つま先を上に向けた状態から、車のワイパーのように左右それぞれ外側に倒して戻します。このとき、注意したいのはつま先部分の力で脚を動かすのではなく、股関節から脚全体を動かすイメージをもって動かします。開いて閉じての1往復を1回とし、10回×2〜3セット行います。

②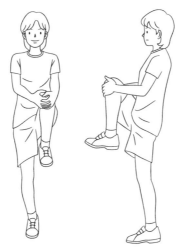

　次のストレッチはお尻から太ももの裏側を伸ばすストレッチです。直立し片方の足を抱えお腹もしくは胸へ近づけるようにもち上げます。このときに上体が後傾したり軸足が曲がったり、背中を丸めて無理に膝を近づけようとしないように注意します。

③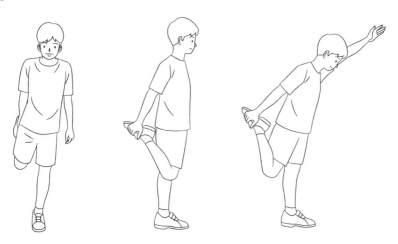

　次のストレッチは太ももの前面を伸ばす運動です。直立した状態になり片方のつま先をもち、かかとをお尻近くまでもってきます。この状態ですでに太も

楽しむ

もや人によってはお尻付近が痛くなったり、つりそうになります。その場合は無理のない範囲で行いましょう。余裕のある人は足をもっていないほうの手を真っすぐ真上に上げ、上半身と一緒に前方向に少し倒します。そうするともっている脚が後ろに引っ張られるように動くため、より深く伸ばすことができます。背中を丸めたり、腰から曲げずに上げた手とつかんでいる脚の膝が1本の棒のようなイメージで倒します。軸足がグラグラしないようにしっかりとバランス感覚を意識することも大事です。

④

　次のストレッチは全身を動かしていきます。まず大きく足を1歩前に踏み出します。このとき、後ろに残っている脚の膝は曲がっても構わないのでできるだけ大きく前に踏みだします。前に踏みだしている脚と同じ側の手（右足が前に出ている場合は右手）で後ろに残った脚の踵を触りにいくイメージで上半身をひねります。同時にもう片方の手（後ろに残った脚と同じ手、このイラストの場合は左）は、ひねる動作に合わせてまっすぐ伸ばします。

■■■　**やってみよう**

　タオルを使って全身運動を行ってみましょう。タオルの長さは短いと難しく、長いと簡単になります。両端をもって上げるとタオルが張るくらいがちょうど良いです。タオルがない場合は、薄手のTシャツなどの衣類、荷造りロープなどでも代用できます。

①

　まずはタオルを頭の上で肩幅に広げます。そのままタオルをまたぎ、背中の後ろを通ってタオルが一周するようにします。タオルの両端はもったままです。

周回回数は自由です。つまずかないように注意しながらタオルをもつ長さを変えてみたり、少しすばやくまたいでみたりするなど、いろいろ試してみましょう。後ろまわりにもチャレンジしましょう。

②

　次に紹介するストレッチはタオルギャザーといい足の指、足裏の筋肉、アキレス腱、ふくらはぎをほぐしたり、部位によっては鍛えられるストレッチです。

　タオルを足の前に広げます。そのまま、足の指でタオルをつかむ（握る）ようにしながら、長いタオルが短くなるように握っては離し、握っては離しを繰り返しながら自分の方向へ引き寄せます。このとき、タオルは地面から離れずに這うようにしましょう。椅子に座って行っても構いませんし、地面に座って行っても構いません。

③

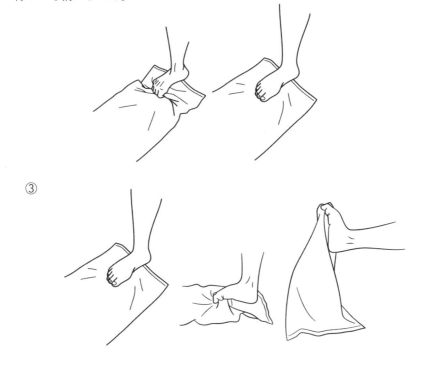

　タオルを足の前に広げます。そのまま、足の指でタオルをつかみ上げます。手でいう握る動作です。タオルをつかんだまま落とさず足を上下左右、自由に

動かしてみましょう。慣れてきた人はつかんだ足とは反対の足側にタオルを落とし、またそれを拾い、つかんだ足側までもってくるようにし「落として拾う」を繰り返し行ってみましょう（例：右足でタオルをつかみ上げ、左足の前もしくは左足の外側でタオルを落とし、落としたタオルを右足でつかむ）。このストレッチも椅子に座りながらでも地面に座りながらでもどちらでも構いません。お手玉があればそちらのほうが簡単です。

■ まとめ

　ストレッチはどの部位が使われているか意識しながら行うとより効果的です。筋肉であればどの部分を使っているか、伸びているか。関節では可動域（動きの幅、柔らかさなど）を意識するとよいでしょう。100％限界まで伸ばす、関節を動かす必要はありません。むしろ逆効果になることもあります。70％の力加減で十分です。体の堅い人、運動不足の人はそれ以下でも構いません。

　ストレッチは非常に奥が深い運動です。筆者自身も理学療法士の方にストレッチを実践してもらったことがありますが、ストレッチによっては「どこが伸びているか分からない」ストレッチもあります。理学療法士の方にそれを伝えると「それでよい」と言われます。また、「伸びることが必ずしも正解ではない」とも言いそれと同時に「緩めることも大事」と言われます。冒頭では運動前に行うと述べましたが、ストレッチは運動後にも行うものです。今回のストレッチの内容は運動前を想定して伸ばす動作があるストレッチをいくつか紹介しましたが、運動後に行う場合は疲労具合を考慮した力加減で実践してください。興味のある方は運動後のストレッチについて調べてみるのも面白いでしょう。

楽しむ

活動の振り返り

＊活動するにあたって工夫した点や改善点をあげてみましょう。

＊全体を振り返って、気付いたことを自由に書いてみましょう。

【コラム】
動きと音〜時代を超えて活用できる音楽〜

　子どもたちと一緒に体を動かしたり、私たち自身が体をほぐしたりするとき、効果的な BGM があったらいいなと思います。もちろん無くても成立しますが、今一つ盛り上がりに欠けるときや雰囲気づくりをしたいときにぴったりな音楽が流れていたら素敵ですよね。筆者が長年活用して有効だったと思う曲をいくつかご紹介しましょう。成人向けの曲には◇印、子ども向けには☆印を記しました。流行の曲は魅力的ですが多岐にわたっていて選曲に迷います。時代を超えてきた定番曲を用意しておくと安心して活動に入ることができるでしょう。

◇成人向け　☆子ども向け

①**スタッカートポルカ** （神山純一）◇

　　自然の岩石から滴り落ちる水滴を収録したという心地よい音楽です。運動前のリラクゼーションやゆっくりとしたストレッチに最適。

② **Ob-La-Di, Ob-La-Da** （The Beatles）◇☆

　　TV の CM でもお馴染みのビートルズの曲ですが、軽快で親しみやすく、ゲームやリズム遊びの BGM として活動の場を明るくしてくれます。

③**さんぽ** （となりのトトロ）☆

　　誰もが大好きジブリの曲です。となりのトトロと並んで子どもが大好きな曲。この曲が流れるだけで子どもたちは元気に歩き始めます。大きく手を振ったり脚を高く上げたり運動量も変えられる万能の一曲です。

④ **Can't Take My Eyes Off You** （Boys Town Gang）◇

　　"君の瞳に恋してる"（和訳）で知られるディスコナンバー。リズムにのって動いたりスポーツ選手の軽運動にも適していたりして、つい体が弾む名曲。

⑤ **What a Wonderful World** （Louis Armstrong）◇

　　"この素晴らしき世界"（和訳）は、運動後のクールダウンに心身を落ち着かせてくれる往年の名曲。曲に身を任せ体を左右に揺らすだけでもリラックスできます。

　ご紹介した上記の曲以外でも、「好きだな」と思った曲をどんどん取り入れてみましょう。ご自身の感覚や子どもの反応を大切にして取捨選択していくと鉄板曲がみつかります。授業内での使用は構わないのですが、有料のイベント時などでは音楽著作権使用料が発生する場合があるので、くれぐれも注意しましょう。

楽しむ

2 クラス全員で心身をほぐしてみよう

■ 準 備

　ストレッチは、自分自身の体に意識を向け、じっくり行うことも大切ですが、時には互いの体の重さを感じて体を預け合ったり、クラス全員で手をつなぎ合ったりしながら行うストレッチも楽しくて心地よいものです。仲間と触れ合いながらのス

お互いの
体重を
利用して

トレッチを紹介しましょう。もちろん必要なものは体一つ、季節にふさわしくクラスの一体感が生まれるような音楽が流れているとより効果的です。授業始めのウォームアップとして活用したり、終盤のクールダウンとしても使え、クラスの交流の場にも適しています。

手をつないで背伸び

参照曲

No.	（使用曲）	（場面）
1.	花は咲く（作曲：菅野よう子）	新学期に新鮮な気分で
2.	Summer（久石譲）	もうすぐ夏休み
3.	白い恋人達（桑田佳祐）	12月に今年最後の授業で

■　やってみよう

（1）2人組（a）

　まずはペア（2人組）のストレッチから
始めましょう。両手をつないで体側を伸
ばします。互いに外側に引っ張り合うと、
より体側が伸ばされます。次に、背中合わ
せになって、互いに背中で押し合いながら
立ち上がったり座ったりを繰り返してみま
しょう。

（2）2人組（b）

　互いの息が合ってきたら、腕を組まずに密着し
た背中の感触だけで相手を感じて上下動できると、
より難易度の高い動きになります。

（3）2人組（c）

　背中合わせに座ったら、互いに体重を預けて全身を伸ばしましょう。下になっ
て相手の体重を支えている人は、前屈している状態なので、なかなかのストレッ
チになっていますね。2人組ストレッチは、この他にも数多くありますので、
ペアで工夫しながらいろいろな動きを開発してみましょう。

楽しむ

（4）グループ（3～5人組）で

　人数が増えると、さらに変化に富んだ動きができますが、息を合わせるチームワークも必要になります。「せ～のっ！」「ヨイショ！」とかけ声をかけるとスムーズにできますが、かけ声をかけずに互いの呼吸を合わせて体の合図だけで反応し合えるとよいですね。

（5）数人背中合わせで

　座位から、背中を押し合って立ち上がりましょう。息を合わせてうまく立ち上がれたら、背中密着のままで元の座位に戻ります。これを繰り返してみましょう。慣れてきたら、互いに背中で感じ合って無言のまま上下の動きを繰り返します。すばやく繰り返すよりゆっくり行った方が、腹筋だけでなくすみずみの筋肉も使えて、体に効きます。

立ったり、
座ったりを
ゆっくり
繰り返す

準備は OK ？
（背中でおしゃべり）

（6）縮んで、広がって

数人組みで車座になって体を小さく小さく縮めたり、一気に脱力して手足をぶらぶら…と解放したりするのも体がほぐれて気持ちよいものです。

ギュッと
小さくなって…

全身脱力
手足ぶらぶら…

21

楽しむ

（7） クラス全員でも

　2人組から始まって、数人組でもさまざまなストレッチができます。クラス全員でできるでしょうか。人数が増えても原理原則は同じです。相手の体の重さを感じて委ねることができるか、にかかっています。座位で大きな輪をつくり、手をつないだままゆっくり左右に体を傾けましょう。これだけでも首筋や体側が伸びて気持ちよくなります。何回か繰り返すうちに「次は右に〜左に〜」と声をかけなくても以心伝心で全員の体が右に左に傾き始めます。

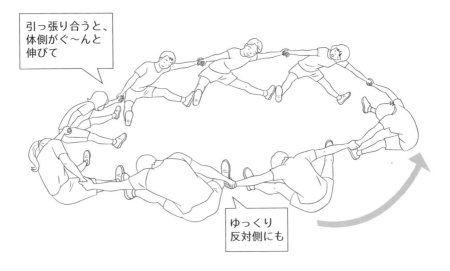

引っ張り合うと、体側がぐ〜んと伸びて

ゆっくり反対側にも

　つないだ手は離さずに両手を上に皆でバンザイ、上半身を解放して深呼吸。数人組でのイソギンチャクを大人数でもやってみましょう。ギュッと縮めた体をパッと解いて手足ぶらぶらです。

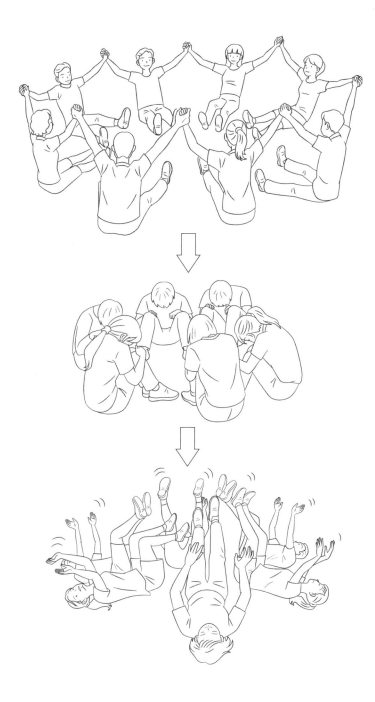

■ まとめ

　授業の始まりや終わりに仲間と関わりながら行うストレッチに、季節を感じる心地よい音楽が流れていたら体も心もほぐれます（参照曲欄参照）。

　ストレッチや体ほぐしは、運動の前後に体を伸ばしたり筋肉をほぐしたりするだけではなく、心をリラックスさせる効果もあります。日常生活のさまざまな緊張場面で私たちの体はこわばりがちです。仲間と触れ合いながら楽しく心身をほぐしましょう。

活動の振り返り

＊活動するにあたって工夫した点や改善点をあげてみましょう。

＊全体を振り返って、気付いたことを自由に書いてみましょう。

3 ラジオ体操を楽しもう

■ 準　備

　ラジオ体操は、1928 年（昭和 3 年）に国民保健体操として NHK のラジオ
で放送されました。現在ではテレビでも放映され、教育現場をはじめ朝の公園
や高齢者施設での午後の体操に…と日本において最もポピュラーな体操といえ
るでしょう。簡単な動き、最低限のスペースで実施でき、効率よく全身運動が
できる優れたエクササイズになっていますが、誰でも知っているからこそ退屈
と感じたり、体の使い方がおろそかになっているかもしれません。ここでは、
ラジオ体操を見直し、楽しく体に響く工夫を加えてみようと思います。美味し
い料理を「味変」して楽しむように、曲を入れ替えてテンポや強弱に工夫を凝
らして、ラジオ体操を再発見してみましょう。

覚えてた！

参照曲

曲　名	場　面
ハナミズキ（一青窈）	ゆったりと伸びやかに
水平線（back number）	通常のテンポで淡々と
Lemon（米津玄師）	気分を変えて新鮮に

■ やってみよう

（1）ラジオ体操第一の復習

　原型（ラジオ体操第一）を思いだしてみます。伴奏ピアノでは運動のタイミ
ングや強弱・アクセントを、かけ声では動きと体の使い方を指示していますの
で、音をよく聴きながら体を動かしましょう。

❶
背伸びの運動

全身を上に伸ばす！

❷
腕を横に振り
脚の屈伸運動

かかとは上げて！

❸
腕の回旋運動

背中を意識して大回り

❹
胸を開く運動

手の平は上に向けて

❺
体側の運動

腕は耳に近づけて

❻
上体を前後に
曲げる運動

前屈では上半身を
脱力して

❼
上体をねじる運動

腰と膝が動かないように

❽
肩に置いた腕を
上下に伸ばす運動

歯切れよく動こう

❾
上体を斜め下に曲げ
胸を大きく開く運動

もも裏の伸びを意識して

❿
上体を回す運動

両手の幅をそろえて

⓫
両脚跳びの運動

膝を柔らかく使って
軽やかに

⓬
腕を横に振り
脚の屈伸運動

2番と同様。
かかとを上げて

⓭
深呼吸

ゆっくりと息を吐いて！

さらに運動量を高めたいときには、ややテンポが速く時間が長い曲を選び、じっくり体を伸ばしストレッチしたいときにはテンポのゆっくりした曲を選びます。

楽しむ

（2）アレンジ　ハナミズキの曲に変えて～ゆったりと伸びやかに～

❶
背伸びの運動

全身を上に伸ばす！
※ゆっくり4回繰り返す

♪空を押し上げて
　手を伸ばす君　五月のこと
　どうか来てほしい
　水際まで来てほしい

❷
腕を横に振り
脚の屈伸運動

かかとは上げて！

♪つぼみをあげよう
　庭のハナミズキ

❸
腕の回旋運動

背中を意識して大回り

♪薄紅色の
　可愛い君のね
　果てない夢が
　ちゃんと

❹
胸を開く運動

手の平は上に向けて
※5回繰り返す

♪終わりますように
　君と好きな人が
　百年続きますように

❺
体側の運動

腕は耳に近づけて

♪夏は暑すぎて
　僕から気持ちは
　重すぎて

❻
上体を前後に
曲げる運動

前屈では上半身を
脱力して

♪一緒に渡るには
　きっと船が
　沈んじゃう

❼
上体をねじる運動

腰と膝が動かないように

♪どうぞ
　ゆきなさい
　お先に
　ゆきなさい

❽
肩に置いた腕を
上下に伸ばす運動

歯切れよく動こう

♪僕の我慢が
　いつか実を結び
　果てない波が
　ちゃんと

❾
上体を斜め下に曲げ
胸を大きく開く運動

もも裏の伸びを意識して

※ゆっくり右・左・
　中央に前屈
♪止まりますように
　君と好きな人が
　百年続きますように

❿
上体を回す運動

両手の幅をそろえて

※体の回旋を繰り返す

♪～間奏～

⓫
両脚跳びの運動

膝を柔らかく使って
軽やかに

♪ひらり蝶々を
　追いかけて
　白い帆を揚げて

⓬
腕を横に振り
脚の屈伸運動

2番と同様。
かかとを上げて

♪母の日になれば
　ミズキの葉
　贈って下さい

⓭
上体をねじる運動

※⑦を繰り返す

♪待たなくて
　いいよ
　知らなくても
　いいよ

⓮
肩に置いた腕を
上下に伸ばす運動

※⑧を繰り返す

♪薄紅色の
　可愛い君のね
　果てない夢が
　ちゃんと

⓯
上体を斜め下に曲げ
胸を大きく開く運動

※⑨を繰り返す

♪終わりますように
　君と好きな人が
　百年続きますように
　僕の我慢が
　いつか実を結び
　果てない波がちゃんと

⓰
深呼吸

※ゆっくり繰り返す

♪止まりますように
　君と好きな人が
　百年続きますように

よ〜く
伸ばそう！

■　**まとめ**

　好きな音楽で行うと気持ちも入ってより体をすみず
みまで使えそうです。存在感の薄いラジオ体操第二も
同様に原型を復習してから、目的に応じた選曲をして
みると、飽きるほど体験したと思っていたラジオ体操
にも新しい息吹が吹き込まれるでしょう。

活動の振り返り

＊活動するにあたって工夫した点や改善点をあげてみましょう。

＊全体を振り返って、気付いたことを自由に書いてみましょう。

4 オリジナル体操をつくってみよう

■ 準 備

　子どものための体操を日課に取り入
れている保育所や幼稚園が多くみられ
ます。TV や YouTube にはエビカニク
スやからだ☆ダンダンなど楽しい体操
が溢れていますし、どれも子どもが楽
しんで体を動かすことができる優れた
構成になっています。そんな既成の体

操を活用できる昨今、あえて園のオリジナル体操を考案する意義は何でしょう
か。毎日接している子どもたちに体験してほしい動きを、現場の保育者たちが
協力して考え試作し完成させ、子どもと一緒に体を動かすことで園での生活を
活気あるものにできるのかもしれません。オリジナル体操には、目の前の子ど

参照曲

曲　名	場　面
森のくまさん	毎日の体操
山の音楽家	毎日の体操
勇気 100％	運動会
きらきら星変奏曲	発表会

もの実態に合わせた手づくりの温かさ・優
しさが感じられます。基本的な動きを選択
したら、飽きずに実施するために曲を考え
たり、子どもの発達につれて動きにアレン
ジを加えたりと応用・活用できる体操を考
案してみましょう。

■ やってみよう

(1) 動きつくり

〜子どもたちはどんなことができる？体験してほしい動きは？

　真似っこやなりきり遊びが大好きな子どもたちは、TV やスマホから情報を
浴びて成長しています。幼児期後半 (おおむね 5 〜 6 歳) になると大人とほぼ
同様の動きができるようになり、体全体を使った複雑な動きが可能になるとい
われています。成長・発達の過程で体験してほしい動きをあげてみましょう。

① 伸びる（縮む）動き

文字通り体を伸び伸びと動かすために、背伸びをしたり逆に小さく体を縮めたりする動きは、毎日行う体操にぜひ取り入れたい動きです。背伸びという言葉より「おへそを長く伸ばして」や「お空にお兄さん指が届くくらい」と具体的なイメージが湧くような声かけが有効でしょう。

おへそを
長〜く
伸ばして

② 跳ぶ（両足・片足）動き

おおむね両足跳びができる2歳を過ぎてからは、片足跳びなどの動きで全身のバランスを取りながら複雑な動きも楽しめるよう工夫しましょう。「両足で跳ぶ」より「カエルさんぴょんと跳ぶよ」とイメージに置き換えた方が動きが伝わるでしょう。

③ 回る動き

子犬が自分のしっぽをくわえてエンドレスで自転するように、子どもは目が回りふらふらになりながらも回る動きが好きなようです。太古の昔から世界中の踊りや舞に“旋回”が多くみられることから、回る動作は本能的なものかもしれません。遊びを分類したロジェ・カイヨワは「競争（アゴーン）」「運（アレア）」「模倣（ミミクリ）」と並んで「めまい（イリンクス）」を重要な遊びの要素としています。

（2）動きの組み合わせとアレンジ

　選んだ動きや流れ（構成）を子どもの実態に合わせて飽きずに続けるために、以下のようなアレンジの観点を参考にして、動きを発展させましょう。

① 簡単な動きに上肢や下肢の動きをプラスして

　その場で足踏みはそう難しくない動きです。腕を大きく振ったり脚を高く上げるだけでも運動量が増しますが、上肢の動きをプラス（頭上で拍手、腕回し）したり、足踏みをスキップに変えると全身運動に発展します。子どもの発達を観察しながら動きを付け足していきましょう。

　簡単な動きからやや難しい動きへ、上肢（下肢）の動きに下肢（上肢）の動きを加えて…という方法は、運動量を変化させやすいアレンジといえます。

② 動きをさらに大きく

　ぐ〜んとつま先立ちして背伸びする動きをさらにダイナミックな動きに変化させるには、空間を広く移動し回りながらバンザイしたり、全身を解放させて高くジャンプする方法などがあります。動けるスペースが広くない場合でも高さで変化させることは可能です。ぜひ空間を有効活用してください。

③ アンバランス＜不安定＞にも挑戦

重心を低くして横に移動する"カニさん歩き"ができたら、重心を傾けて片足でポーズしてみましょう。不安定ですが、発達段階により長く片足で保っていられるようになります。

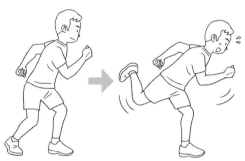

すばやく走りだして急に"ピタッと止まる"動きも、片足で「ストップ！」してみましょう。多少のぐらぐらも楽しくなります。♪だ〜るまさんが転んだ！の遊びにも応用できそうです。

山の音楽家
（水田詩仙訳詞／ドイツ民謡）

①わたしゃ　おんがくか
やまのこりす
じょうずに　バイオリンを
ひいてみましょう
キュキュキュッキュッキュ
キュキュキュッキュッキュ
キュキュキュッキュッキュ
キュキュキュッキュッキュ
いかがです

②わたしゃ　おんがくか
やまのうさぎ
じょうずに　ピアノを
ひいてみましょう
ポポ　ポロンポロンポロン
ポポ　ポロンポロンポロン……
いかがです

③わたしゃ　おんがくか
やまのことり
じょうずに　フルートを
ふいてみましょう
ピピ　ピッピッピッ
ピピ　ピッピッピッ……
いかがです

④わたしゃ　おんがくか
やまのたぬき
じょうずに　たいこを
たたいてみましょう
ポコポンポコポン
ポコポンポコポン……
いかがです

⑤ぼくたちゃ　おんがくか
やまのなかま
じょうずに　そろえて
ひいてみましょう
タタ　タンタンタン
タタ　タンタンタン
タタ　タンタンタン
タタ　タンタンタン
いかがです

　　　　　　：動物の動き
　　　　　　：ポーズ

（34頁　オリジナル体操使用曲）

33

みせる

（３）オリジナル体操をつくろう（使用曲：山の音楽家）

❶♪わたしゃ　❷おんがくか　❸♪やまの　❹こりす

右手⇒左手を挙げて、下ろしながらこりすのポーズ

❺♪上手に　❻バイオリン　❼♪弾いて　❽みましょ！

両手口元（こりす）のまま体ツイスト⇒（♪いかがです）自慢げなポーズ

❾♪キュキュキュッキュッキュ　キュキュキュッキュッキュ

❿♪いかがです

　ドイツ民謡「山の音楽家」の歌詞に沿ったイメージを動きに変えてみましょう。"こりす"なら両手を口元に置いて体を小さく捻じる動き。"うさぎ"なら両手頭上で耳をつくり、ぴょんぴょん両足で跳ねます。"ことり"は両肩に手で翼、片足で飛びましょう。"たぬき"では両手腰のポースに両足でぽんぽこと床や空間をたたいてリズムを打ちます。歌詞の最後"なかま"は腕組みポーズの後は回ったり跳んだり自由に動いてみます。手足バラバラの動きで全身を楽器に見立てると楽しくなります。動物の動きの捉え方は人それぞれです。個性的な動物の動きも許容しましょう。

ウサギ	小鳥	タヌキ	なかま
（両足跳び）	（片足ケンケン）	（手足バタバタ）	（自由に）

■ まとめ

　子どものためのオリジナル体操考案のコツはつかめたでしょうか。子どもに体験してほしい基本の動きを決めたら、飽きずに続けられるアレンジの仕方も考えましょう。子どもは心が動かないと体も動きません。心（心象）に訴える言葉かけで子どもの〝やってみたい〟を刺激しましょう。それには動きの言葉にイメージ（生き物や自然事象）や擬音語を付け加えると効果的です。また、保育者が子どもと一緒に元気よく動いてみると何より一体感が増すものです。動画などの視聴覚教材だけに頼らず、ぜひ率先して動いてみましょう。

活動の振り返り

＊活動するにあたって工夫した点や改善点をあげてみましょう。

＊全体を振り返って、気付いたことを自由に書いてみましょう。

理論を知ろう：
「遊び」へのまなざし

　「遊び」と聞いて、それが何かしら子どもにとって重要なものであるだろうということは、保育者を志す皆さんにとって当然のことかもしれません。ところが、日常的に使用する言葉において「遊ぶ」という表現を用いるとき、とりわけ大人を想定して用いられる言葉の中には「遊び人」や「遊び半分」などという用法があります。これらの表現には、どこかネガティブな要素が含まれています。

　ここで考えてみたいことは、子どもにとって「遊ぶ」ということは重要なものであると考えられている一方で、大人になるとそれが否定的にも捉えられるようになる要因はいったいどこにあるのだろうか、ということです。

　手始めに言葉の成り立ちから考えてみましょう。諸説ありますが、白川によれば、遊びの原義は「神が遊ぶ」ことであり、それが神と人が交信する「神と遊ぶ」という意味に転じ、さらに近代において神と人の位置が入れ替わることで（これを「世俗化」といいます）、遊びは「人が遊ぶ」という意味をもつようになったといいます[1]。

　この最後の近代化というところに、先の問いに対するヒントがあるような気がしますね。ところで、近代における世俗化において「遊び」の対極に置かれているものとは、皆さんの想像通り「労働」です。つまり近代以降、日常生活におけるまじめな労働に対して、遊びはどこか不まじめな活動であるとみなされるようになった歩みがあります。この「まじめ－不まじめ」という構図によって、冒頭に示したような、子どもにとって大切な「遊び」が大人にとって異なる意味を含むようになると考えられます。

　さて、ここで今一度、立ち止まって考えてみなければならないことがあります。それは、大人にとって「遊び」というものが、必ずしもまじめさと区別されるべきものなのか、ということです。

　このことを考えるにあたって、ホイジンガの記述をみてみることとしましょう。ホイジンガいわく、人間は「遊戯人＝ホモ・ルーデンス」であるといいます[2]。ここでいう「遊び」は文化に先立つものであり、「純粋な遊びそのものが文化

の一つの基礎であり、因子である」[3] とされるものです。このように、「遊び」を人間の本質と考えたホイジンガは、遊びの形式的特徴を「①自由、②実生活外の虚構、③没利害、④時間的空間的分離、⑤特定ルールの支配」として定義しました[4]。

なるほど、確かに私たちは遊ぶとき、何らかの利益のためでも命令されて行うわけでもありません。それは、面白いから行う自由な活動であり、日常のルールとは異なる虚構によって構成された世界に入り込むのです。

このホイジンガの理論をうけてカイヨワは、その著書『遊びと人間』[5] (1958) において、「遊び」を「①競争（アゴーン）、②偶然（アレア）、③模擬（ミミクリ）、④眩暈（イリンクス）」の4つからなると定義します[6]。そして、これらは、子どもの遊びである「遊戯（パイデイア）」と組織化された「競技（ルドゥス）」という要素を含みます[7]。

これらホイジンガやカイヨワの理論に関して、それぞれの相違はありますが、その根底に流れているものは、まさに自由です。このように、「遊び」は自由な活動であり、しかもそれは文化に先立つ、あるいは文化を構成する重要な要素であるのです。しかも、それは子どもか大人かを問わず、人間が人間である重要な契機でもあります。

つまり、子どもの成長に寄り添う大人である皆さんにとっても「遊び」は重要な活動であるといえます。日常におけるまじめさに専心しすぎることなく、「遊び心」をもって子どもとともに時間を過ごすことも、教育者が人間としての教育者であるためには欠かせない要素だといえるでしょう。

1）白川静『文字逍遥』平凡社ライブラリー、1994、pp.10-46.
2）J・ホイジンガ『ホモ・ルーデンス』中公文庫、1973、p.11.
3）J・ホイジンガ『ホモ・ルーデンス』中公文庫、1973、p.24.
4）J・ホイジンガ『ホモ・ルーデンス』中公文庫、1973、p.42.
5）R．カイヨワ：清水幾太郎・霧生和夫 訳『遊びと人間』、岩波書店、1970、Pp.292.
6）R．カイヨワ：清水幾太郎・霧生和夫 訳『遊びと人間』、岩波書店、1970、p.17.
7）R．カイヨワ：清水幾太郎・霧生和夫 訳『遊びと人間』、岩波書店、1970、p.40.

【コラム】

オリジナル体操を子どもたちと一緒に
～湘南こども園の実践～

> 子どもたちに体を動かす習慣を楽しみながらつけてほしいという願いを込め、
> 現場の保育士が動きと曲をつくり完成したオリジナル体操

連携園のメンバー7名でプロジェクトチームを立ち上げたのは2021年4月でした。その秋（10月）に完成するまでのプロセスをたどってみましょう。

◇どんな動きを取り入れたい？ 動きも使用曲もオリジナルで◇

各園の実態調査から、エビカニクス・ケロポンズ・からだ☆ダンダンなど子どもたちが親しんでいる体操の名があがり、テンポの速い曲やビートの効いた曲を好むことが分かりました。お尻フリフリ・手をキラキラ・ジャンプ・糸巻きなど、子どもたちが好きな動きを入れて楽しい体操にしたいと意見が一致。曲もメンバーが打ち込みました。リトミックの先生にご助言いただきながら、コロナ禍でのリモート会議で何度も手直しをして、歌詞の無い楽曲（2分30秒）に仕上げたのは8月末のこと。動きの選択は、なかなかまとまらず行き詰まることもあったといいます。「手をぶらぶらしたら？」「お口も動かす？」など多くのアイデアから徐々に絞られていきました。

◇毎日続けるには～壁の花でもいい～◇

「無理強いしないことが長く続けられるコツ」とチームリーダーN先生のお話。完成したオリジナル体操は先生たちが全員覚えて子どもたちに「一緒にやろう！」と誘います。子どもたちの好きなダンスとセットで「○○ダンス？ それとも湘南体操？」と尋ねるのも作戦。筆者らが訪問した日は「湘南体操が先！」と元気に答えてくれました。運動会では開会式で観客に披露しています。

◇実践園　：学校法人正栄学園
　　　　　認定こども園湘南こども園（神奈川）
◇指導助言：尾野明美教授（帝京科学大学）

皆で楽しく体力づくり～湘南体操～

伝承遊び・ゲーム・リズム遊び編

心と体を弾ませて
表現の世界へ

伝承遊びやゲーム性のある遊び・リズム遊びなど、さまざまな遊びを手がかりに心と体を弾ませながら動きを楽しんだり、１曲のダンスを踊りきったり、みてもらいたい（発表したい）作品になることを体験しましょう。

楽しむ

1 あんたがたどこさ

■ 準　備

　「あんたがたどこさ」は、熊本市船場地区で生まれた童謡・伝承遊び（埼玉で発祥したという説もあり）で、古くから親しまれてきた遊びの一つです。「あんたがたどこさ」は、道具を使って遊ぶ（※1）、道具を使わないで遊ぶ（※2）などいくつもの遊び方があります。わらべ歌に合わせて体を動かすことにより、自然とリズム感覚が身につきやすいのもこの遊びの特徴です。子どもの発達に応じたアレンジも容易であり、保育の場で用いられることが多い身体表現遊びです。

　まずは、「あんたがたどこさ」の歌詞を確認してみましょう。地域によって歌詞に若干の違いがあります。

　あんたがたどこさ 肥後（ひご）さ 肥後（ひご）どこさ
　熊本さ 熊本どこさ 船場（せんば）さ
　船場山には狸（たぬき）がおってさ それを猟師が鉄砲でうってさ
　煮てさ 焼いてさ 食ってさ
　それを木の葉でちょいと隠（かぶ）せ

（1）道具（ボール）を使って遊ぶ（※1）

❶歌に合わせてボールをバウンドさせる。

❷「あんたがたどこさ」の「さ」のタイミングで、ボールを脚の内側から外側に抜くイメージでまわす。

（2）道具を使わないで遊ぶ（※2）

❶向かい合いで「あんたがたどこさ」と歌いながら左右に跳ぶ。

❷「さ」のタイミングで前にジャンプで移動する。

❸次の「さ」の歌詞がくるまで左右に跳ぶ。

❹次の「さ」の歌詞がきたら、今度は後ろへジャンプして移動する。

　「さ」の歌詞のときだけ、前後にジャンプし移動する。

❺移動する方向を間違えずに最後まで歌いきる。

※床に〇を書いて練習すると理解しやすい

41

■ やってみよう

（1）リズムに合わせて体を動かしてみよう

①1人で

歌に合わせて「さ」のタイミングで手をたたく。

歌に合わせて「さ」のタイミングでジャンプする。

「さ」のタイミングで大の字のポーズ。

②2人で

「さ」のタイミングで同じ動作を行う（立位、座位）。

③みんな（4〜5名）で

❶全員で丸くなって輪をつくり、手をつなぐ。

❷「あんたがたどこさ」と歌いながら、歌に合わせて右へ両足跳びをする。

「さ」のタイミングで、ぴょんと左へ一斉に戻る。

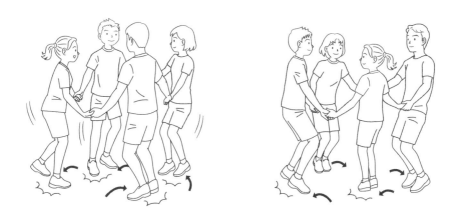

「さ」のタイミングでリーダーのポーズに挑戦。

（上肢、下肢、全身運動）

楽しむ

（2）応用してみよう

　伝承遊びの基本形をもとに発展させた身体表現遊びを考えてみましょう。最初は、歌いながら鬼を囲んで遊ぶ、途中から言葉のやり取り（鬼と鬼以外での会話）を楽しむ、最後は鬼遊びにつながっていく遊びです。各パートのアレンジ（▢部分）は、子どもたちの自由な発想を積極的に取り入れるとよいでしょう。

例：『あぶくたった』

パート	基本の遊び方	動作（しぐさ）
歌	①あぶくたった　煮え立った 　煮えたかどうか食べてみよう	輪になって歌いながら回る
	②ムシャムシャムシャ	輪の中心の「鬼」に向かって 食べる動作
	③まだ煮えない	↓
	①～③を繰り返す	
	④もう煮えた	
言葉 （会話）	⑤戸棚にしまって　鍵かけて 　ガチャガチャガチャ	鬼を立たせ、 全員で鍵をかける動作
	⑥ご飯を食べて　ムシャムシャムシャ	全員が言葉に合った動作
	⑦お風呂に入って　ジャブジャブジャブ	↓
	⑧お布団しいて　さあ寝ましょう	
鬼遊び	⑨トントントン（鬼）　何の音（みんな） 　風の音（鬼）　ああよかった（みんな）	↓
	⑩トントントン（鬼）　何の音（みんな） 　おばけの音（鬼）	追いかける、逃げる

言葉（会話）例：子どもの生活をイメージすると考えやすい

■ まとめ

【楽しむためのポイント】

　①始めは簡単なものから行い、年齢に合わせて難易度を変えるようにしましょう。

　②歌いながらさまざまな動作を行うため、何回か繰り返すことが必要です。そのため、時間配分を考えるようにしましょう（飽きる、体力的負荷）。

　③室内遊び、外遊び両方で行えますが、一斉に動くなどゲーム的な要素もあるため、ジャンプなどを行う際には広いスペースで行うこと、また、「まわりのお友達とぶつからないように…」など注意喚起の声かけも必要です。

活動の振り返り

*活動するにあたって工夫した点や改善点をあげてみましょう。

*全体を振り返って、気付いたことを自由に書いてみましょう。

楽しむ

2 鬼遊び（リスと家～ところてん）

　追いかけて相手を捕まえようとする子どもと、相手から逃げようとする子どもが互いに競い合う、単純明快な遊びが「鬼遊び（鬼ごっこ）」です。本項では、鬼遊びから身体表現につながる活動展開例を紹介します。

■　準　備
　鬼遊び（鬼ごっこ）には、決まったルールがあります。また、一緒に遊ぶ人数も 1 対 1、2 ～ 3 人組、大人数のグループで行うなどさまざまです。ここでは、3 人組の鬼遊びをクラス全体で行う活動を取り上げています。子どもの発達や理解度に合わせ、簡単なルールから始めてみましょう。

■　やってみよう
（1）「リスと家」
❶ 3 人組をつくり、2 人が両手をつなぎ「家」になり、「リス」を囲む。
❷鬼（リーダー）が「リス」と言ったら、リスは別の「家」に移動する。
❸鬼（リーダー）が「家」と言ったら、家は別の「リス」を探す。
以上を繰り返す。

❹ルール（遊び方）が理解できたら、移動する際の動作（約束事）を決める。

例：リスはスキップで、家は手をつないだままギャロップで移動するなど。

　　：リスは片足でケンケンしながら、家は両足跳びで移動するなど。

（2）「木と小鳥」

「リスと家」をアレンジしたものです。

❶3人組をつくり、2人が両手をつなぎ「木」になり、「小鳥」を囲む。

❷3人組ではない人が鬼（リーダー）になる。

❸鬼の「木こりが来た」の合図で、木は木こりに切られないように逃げて移動し、新しい「小鳥」を中に入れる。この間「小鳥」は動いてはいけない。

❹鬼が「猟師が来た」と言う。小鳥は猟師から逃げて、別の「木」に移る（別の「木」の2人組の中に入る）。この間「木」は、動いてはいけない。

❺鬼が「嵐が来た」と言うと、「木」も「小鳥」も嵐のような動き（嵐に吹かれる、木の葉が舞う等）で自由に動く。

❻鬼が「嵐が止んだ」という合図で、新しい3人組をつくる（「木」は新しく2人組をつくり「小鳥」を中に入れる）。

以上を何回か繰り返す。

（嵐が来た）

楽しむ

（3）「卵」

　これも「リスと家」を応用したものです。

❶3人組をつくり、2人が手をつなぎ「白身」になり、中の「黄身」を囲む。

❷鬼（リーダー）が「白身」と言ったら、別の「黄身」に移動する。

❸鬼（リーダー）が「黄身」と言ったら、別の「白身」を探し移動する。

❹鬼（リーダー）が「卵」と言ったら、(「白身」も「黄身」も一斉に移動し、「白身」は新しい白身と2人組をつくり、「黄身」を中にいれる。

　「木と小鳥」、「卵」は、全員で移動する場面があるため、自分の役が分かるように、帽子やビブス（ゼッケン）を用いて区別しておくことが必要です。

「ところてん」

■ 準　備

　最初に、「ところてん」のイメージづくりから始めます。イラストや写真を用いて「ところてん」が押しだされる様子を理解させます。押す（突く）ところと押しだされる様子を体全体で表現することになります。

■ やってみよう

❶3人組で横1列をつくる。

❷スタートの合図で両端のどちらか(タイミングによっては、両端ともに)が、他のグループの端に移動し、横向きのまま体で「ところてん」のイメージで端の人を押す（突く）（両端のいずれか）。

❸押しだされた人（両端のいずれか）は、他のグループの端に行き、押す（突く）動作を行う。

❹押す（突く）人は、「つるん」と大きな声をだしながら動作を行う。

　この活動は、全員で一斉に行うことができる活動です。そのため、恥ずかしさや抵抗感をもつことがなく、子どもたちの積極的な取り組みが期待できます。全員の子どもが動けているのを確認したら終了とします。思いっきり活動させるためには、時間は短くした方が楽しめます。

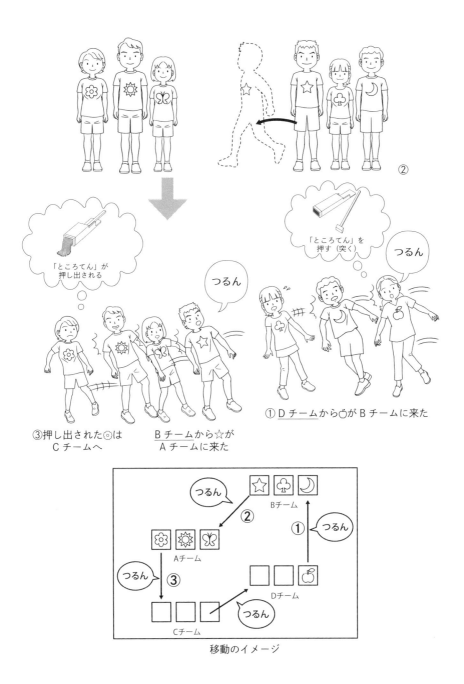

②

「ところてん」が
押し出される

「ところてん」を
押す（突く）

つるん

つるん

③押し出された⊙は
Cチームへ

Bチームから☆が
Aチームに来た

①Dチームから🍎がBチームに来た

移動のイメージ

　49 ページの図は、Ｄチームの☝とＢチームの☆が他チームへ移動することにより、押す（突く）動作→押しだされる動作へとつながっていく様子をあらわしています。１チームずつ順番に行う、同時に複数のチームが行うなど子どもの理解度に合わせた展開が考えられます。

■ まとめ

　（1）と（2）は「リスと家」、「木と小鳥」が登場してきます。また、（3）は白身と黄身がある「卵」を取り上げています。登場人物（もの）「〇〇」と「△△」は、遊びを行う対象児（クラス）が知っているものを取り上げることが必要です。準備段階で、イラストや絵本などを効果的に活用することによってイメージを膨らませるようにしましょう。実際に動く場面では、動きの制約は行わずに、自由にやらせることが大事です。指導の際、保育者が、声の強弱や身振りなどを交えた適切な言葉かけを行うことにより、子どもたちは、自由に思いのまま動ける（表現する）ようになってきます。本項では、３人組で行う簡単な鬼遊びと、それに続く身体表現活動例を取り上げました。

　鬼遊びは、追うもの（鬼）と追われるもののルールが分かることによって、はじめて遊びが成立します。これらをきっかけにして、多くの「ルールのある遊び」の楽しさが実感できるようになってきます。

　身体表現活動では「ところてん」を題材にしましたが、乗り物や動物など子どもたちの生活や興味と関連しているものを取り上げると指導しやすいのではないでしょうか。日頃から、題材に使えそうな事象を記録しておくと役立ちます。

活動の振り返り

＊活動するにあたって工夫した点や改善点をあげてみましょう。

＊全体を振り返って、気付いたことを自由に書いてみましょう。

楽しむ

3 体と脳を使った じゃんけんゲームをしてみよう

■ 準 備

（1）両手じゃんけん

　自身の両手でじゃんけんをするのですが、右手が左手に勝ち続けるように
じゃんけんを行います。できるだけリズムよく、「グー」、「チョキ」、「パー」
を展開します。

　20 ～ 30 秒くらいリズムよく右手が勝ち続けることができれば次は、同じ
ように左手が勝ち続けるようにします。

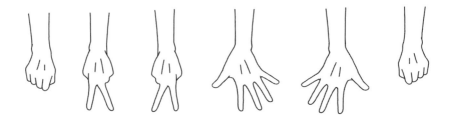

（2）両手じゃんけん（声出しバージョン）

　最初に紹介した両手じゃんけんに声を付け足すバージョンです。手ではどち
らか一方の手が勝ち続けるようにじゃんけんをします。手で表現されていない
部分を声で出します。たとえば右手が「グー」、左手が「チョキ」であるのならば、
声は「パー」と言います。リズムよくできるように意識しましょう。難しい場

合は一つ一つの動作をゆっくりにしてもかまいません。右手の後は、必ず左手が右手に勝つバージョンも行い、頭を切り替えましょう。

（3）手 vs. 足

これまでと同様に手対足でじゃんけんを行います。右手だけが勝ち続けるようにリズム良くじゃんけんを行います。その後、左手だけが勝ち続ける、足が勝ち続けると変化を加えていきましょう。最後は両手と足であいこの関係を（右手はグー、左手はチョキ、足はパー）リズムよくつくり続けられるように頑張ってみましょう。

（4）じゃんけん足し算

足でじゃんけんを行い足し算をし、どちらが先に答えを言えるかという遊びです。始める前にグーは「1」、チョキは「2」、パーは「5」などあらかじめ決めておきます。数字に慣れてきたときは数字を変更するようにします。最初は2人組から行い、3人組、4人組と増やしていきましょう。ただし、あまりにも多い人数だと計算することが大変となり、また、盛り上がりに欠けるので5人組程度が最大値です。足し算のみならず、掛け算や引き算、グー、チョキ、パーの数字を変更するなどアレンジを加えて行ってみましょう。

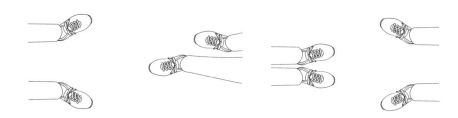

■ **やってみよう**

（1）じゃんけんダッシュ

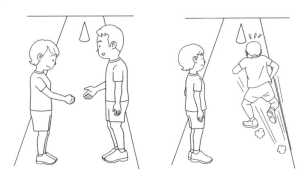

　まず、目印となるコーンやマーカーを置きます。コーンなどがない場合は線を引く、もしくは既存の線を用いて行うことも可能です。走る距離の設定は実施する環境に応じて設定してかまいません。だいたい10m前後で行うことが多いです。

　2人1組を基本とし、じゃんけんをします。じゃんけんに勝った人が走りだし目印となるマーカーを回って戻ってきます。また、制限時間を設け、残っている人（負けた人）が「10, 9, 8, 7…」とカウントダウンすることで盛り上がり、走るスピードが求められるためダラダラとした展開になりにくくなります。ここで大事なのは "勝った人が走れる" という状況をつくることです。"負けた人が走る" だと罰ゲームの要素が強くなってしまいがちです。ゲームの途中で、「負けた人が走る」に切り替えても問題ありません。むしろ脳へ好影響を与えます。

（2）ごちゃごちゃじゃんけんかけっこ

　上述したじゃんけんダッシュよりも同時に多くの人と関わることができる遊びです。10m 程度離れた場所に目印となるマーカー、コーンを置きます。目印となるラインがあればそれでも構いません。近くにいる人とじゃんけんをします。勝った人が反対側の目印まで走ります。

　反対側に到達すると勝った人同士がじゃんけんを行い、勝った人がまた走ります。同時進行で負け残った人同士でじゃんけんを行い勝った人が反対側まで走り、反対側にいる人とじゃんけんを行い、勝った人がまた走るという繰り返しです。

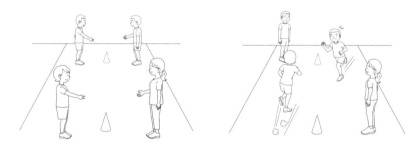

　時に最初の方で勝ち戻ってきた人とまだ負け残っている人でじゃんけんをしてもよいのか戸惑う場面もみられますが、要は同じ側にいる人であればだれとじゃんけんをしてもかまいません。相手を探している間は休憩にもなるので無理なく遊ぶことができます。制限時間内に何回勝てたか（＝何回走れたか？）を競っても面白くなります。走る距離を短くし、両足ジャンプや片足ジャンプ（ケンケン）での移動など移動方法に制限を加えてもよいでしょう。

楽しむ

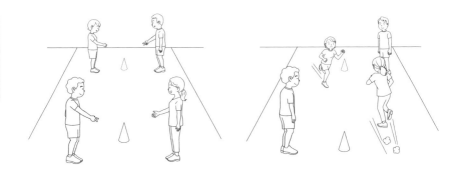

■ まとめ

　今回はじゃんけんの結果にリアクションをして、体を動かす内容をメインに紹介しました。じゃんけん遊びでは、前述したように勝たないと動けないということを意識づけることが大事です。結果にリアクションをするという面で難しいところは、負け続けることで運動量が少なくなってしまう、あいこが続くなど、活動内容に差が出ることです。そういった際に、負けたら動くにチェンジする。あいこならあいこ全員で動くなど状況に応じて臨機応変に対応していくことも必要です。また、事前に出すものを宣言してからじゃんけんをし、実際は宣言通りに出さなくてもよいルールでじゃんけんをすると（宣言じゃんけん）、相手との駆け引きや戦略といった面でも楽しむことができます。

活動の振り返り

＊活動するにあたって工夫した点や改善点をあげてみましょう。

＊全体を振り返って、気付いたことを自由に書いてみましょう。

4 手遊びからステップへ

■ 準　備

　手遊びは、日々の保育の中でさまざまな活動の導入やプログラムの転換時に多く用いられます。同じタイトル（曲名）の手遊びであっても、対象とする子どもの年齢や活動場面に応じ、歌詞や動作をアレンジすることで、使える手遊びの数は増大していきます。ここでは、子どもたちが、初見で覚えることができる手遊びと簡単なステップを組み合わせることによって、全身で動く楽しさを体験できる活動例：かなづちトントンを紹介します。

■ やってみよう

（1）『かなづちトントン』の歌詞を覚えましょう

　　かなづちトントン　　1本でトントン　　かなづちトントン　　次は2本

　　かなづちトントン　　2本でトントン　　かなづちトントン　　次は3本

　　かなづちトントン　　3本でトントン　　かなづちトントン　　次は4本

　　かなづちトントン　　4本でトントン　　かなづちトントン　　次は5本

　　かなづちトントン　　5本でトントン　　かなづちトントン　　これでおしまい

（2）基本動作の確認をしましょう

　手・足・頭を使って、かなづちの動作を行ってみましょう。

　最初は、机やテーブルの上で実際にかなづちを動かしている感じをつかみます。「トントン」という歌詞では、音を立てながら行うと、リズム感覚も身に付きやすくなります。

❶1本（片手）　片手を「グー」にし、上から下に打ち下ろす

❷ 2本（両手）　両手を「グー」にして打ち下ろす

❸ 3本（両手＋片足）
足も同時に打ち付ける

❹ 4本（両手＋両足）

❺ 5本（両手＋両足＋頭）
リズムに合わせて両手、両足に加え頭も上下に動かす

楽しむ

（3）ステップを行いながら「かなづちトントン」をやってみよう

①膝でリズムをとりながら…

足を軽く開き、少し、膝を曲げて行うとリズムがとりやすくなります。

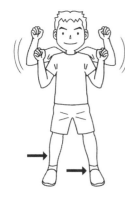

②サイドステップ

片足を横に出し、他方の足を引き寄せる足の運びで行うステップ。

③サイドステップの応用（前後）

右足（左足）を前に1歩出す→出した右足（左足）をもとにもどす。

サイドステップは、足を出す方向を意識させると理解しやすく、繰り返しや、他のステップとの組み合わせなど、アレンジしやすいステップの一つです。

（4）ボックスステップ

　年長クラスになると、ボックスステップができるようになってきます。ボックスステップは、簡単に身に付けることができ、カッコ良く、子どもたちもダンサー気分で踊れます。

　紙にボックス（四角）を描き、足の運びを理解させると習得しやすくなります。

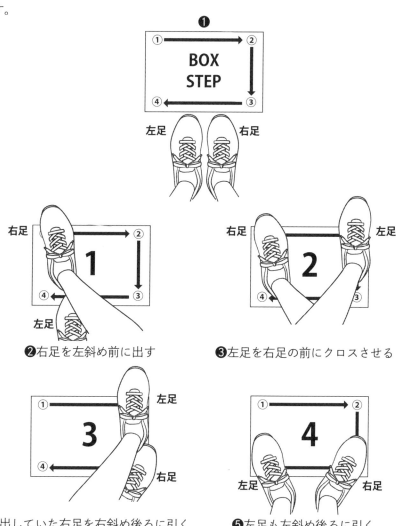

❷右足を左斜め前に出す　　❸左足を右足の前にクロスさせる

❹出していた右足を右斜め後ろに引く　　❺左足も左斜め後ろに引く

楽しむ

■ **まとめ**

　子どもたちができるステップの種類は、年少から年中・年長にかけてさまざまな身体機能の発達にともなって増えていきます。今回取り上げたステップ以外にも「スキップ」や「ギャロップ」などの簡単なステップは、年長児になると、動作習得はそれほど難しくはありません。しかし、ステップを踏みながら手遊びを行うこと（手遊びと同時にステップを行う動作習得）は、簡単にはできません。毎日少しずつでもよいので、繰り返し試みることが大事です。以下に、指導上の留意点をあげますので、参考にしてください。

【指導上の留意点】

　①手遊びは、動きの種類が単調で繰り返しが多いなど、すぐに動作を習得しやすいものを選ぶ。

　②ステップの種類は、手遊びの動作を妨げないものを選ぶ。

　③ステップは、必ず左右両方行う（例：右→左、右→右→左→左など一定の規則性をもった動きにする）。

　　左右同じように行うことにより、動く距離（歩幅など）が常に一定のため、自分の立ち位置（スタート地点）を把握しやすく、方向感覚などもつかみやすい。

　④手遊びは手遊びだけ、ステップはステップだけと、それぞれ分けて練習する。

　体格差や遊びの経験により、手と足の動作を同時に行うことが困難な子どもには、「今日は、手遊びだけ（かなづちの動作）を覚えましょう」など、適切な声かけを行い、根気よく指導していきましょう。ここで紹介した活動は、子どもたちが、意欲的に楽しく動くことを到達目標としています。

活動の振り返り

＊活動するにあたって工夫した点や改善点をあげてみましょう。

＊全体を振り返って、気付いたことを自由に書いてみましょう。

みせる

5 8-8-4-4-2-2-1-1-1-1 のリズムで

■ 準 備

" リズムにのるのが苦手 "" テンポに遅れがち " などの声をよく聞きます。軽快なリズムにのって踊れている気分になるために、簡単なリズムパターンを守って 1 曲踊りきる体験をしてみましょう。規則性のある単純なリズムパターンを覚えて、子どもと向かい合って楽しめる「対面指導」の練習をしたり、運動会などの応援合戦にも活用してみましょう。

参照曲

曲　名	場　面
夢の中へ（井上陽水）	リズムパターンの練習
Butter (BTS)	リズムパターンの練習
となりのトトロ（井上あずみ）	対面指導（子ども対象）
Mela!（緑黄色社会）	応援合戦等

■ やってみよう

(1) 8-8-4-4-2-2-1-1-1-1 のリズムパターンをマスターしよう

ドアをノックするイメージで、右手で 8 回、左手で 8 回空を打ちノックします。次に右手で 4 回左手 4 回、右手で 2 回左手で 2 回、最後は右手 1 回左手 1 回、もう一度右手 1 回左手 1 回。このリズムを守って手や足の動きをいろいろと工夫します。手のひらを開いて星のキラキラを表したり、肩たたきを 8-8-4-4-…のリズムにしたりと繰り返すことで、1 曲終わる頃には首や肩・上半身がほぐれて気分も軽やかになります。動きを次々に変えてもこのリズムパターンを守って動くと 1 曲止まらず動ききることができます。

（2）上半身の動き

"8-8-4-4-2-2-…"のリズムパターンを守って上半身の動きを考えてみましょう。

使用曲：夢の中へ（井上陽水）

上半身（手）の動き	歌詞とリズムパターン
 ドアをノック	探しものは何ですか？〈右手8回〉 見つけにくいものですか？〈左手8回〉 カバンの中も〈右手4回〉 つくえの中も〈左手4回〉 探した〈右手2回〉　けれど〈左手2回〉 見つ〈右手1回〉　から〈左手1回〉 ない〈右手1回〉　のに〈左手1回〉
 バイバイの動き	まだまだ探す気ですか？〈右手8回〉 それより僕と踊りませんか？〈左手8回〉 夢の中へ〈右手4回〉 夢の中へ〈左手4回〉 行って〈右手2回〉　みたいと〈左手2回〉 思〈右手1回〉　いま〈左手1回〉 せん〈右手1回〉　か？〈左手1回〉
 耳もとで拍手	ウフフ〜〈右手8回〉 ウフフ〜〈左手8回〉 ウフフ〜〈右手4回〉〈左手4回〉 さぁ〜〈右手2回〉〈左手2回〉 　　〈右手1回〉〈左手1回〉 　　〈右手1回〉〈左手1回〉
他の動きで続けていく	休む事も許されず（右手8回）以下同様

いかがですか？軽快に体でリズムを刻めるようになってきたでしょうか？

みせる

（3）対面指導にチャレンジ（左右が逆になる?!）

「対面指導」は子どもたちが指導者と
向かい合い、動きを鏡のように真似をす
る指導方法です（図）。指導者が子ども
たちに背を向けて行う「背面指導」と異
なり、子どもの表情や周囲の状況をみな
がら指導できる特性があります。ここで
は、子どもたちが大好きな"隣のトトロ"
の曲で対面指導を体験してみましょう。

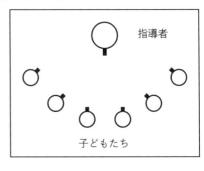

指導者役になったら、子どもたちに「右手をグーにして…」と言いながら、自
身の左手をグーにして鏡のように見本を見せるやり方です。

先生役で対面指導に挑戦！

歌詞	保育者の言葉かけ	対面指導（隊形と動き）
♪前奏 トトロ　トトロ トトロ　トトロ	みんな集まって！ リズム遊びするよ〜鏡に なって先生の 真似っこしてね。	子どもたちと対面しぶつからないよう に配慮。左手に注視を促す。 （※子どもたちは右手でスタンバイ）
♪だれかが ♪こっそり ♪小路に ♪木の実う ♪ず〜 ♪めて〜 ♪〜〜〜〜	右手でドアをノック8回 左手でドアをノック8回 右手で4回 左手で4回 右手で2回 左手で2回 右1，左1，右1，左1回 ※保育者は全て 左右逆に行う。	

♪ちっさな芽 ♪生えたら ♪秘密の暗号 ♪お〜、森へ ♪のパスポー ♪ト〜〜〜〜	右手で拳8回エイエイオー！ 左手で拳8回 右手で拳4回 左手で拳4回 右手2回⇒左手2回 右左1-1-1-1回 ※保育者は 全て左右逆に行う	
♪素敵な冒険はじま ♪る〜となりの ♪トトロ トトロ ♪トトロ トトロ	右肩で拍手8回 左肩で拍手8回 右肩4回-左肩4回 左右2-2-1-1-1-1回 ※保育者左肩から	
♪森の中に ♪むかしから住んで ♪る　となりの ♪トトロ トトロ ♪トトロ トトロ	右足でケンケン8回 左足でケンケン8回 右足でケンケン4回 左足でケンケン4回 左右2-2-1-1-1-1回 ※保育者は左足 からケンケン始める	↓左足で ケンケン その場でケンケン （右足）
♪子どものときにだけ ♪あなたに訪れ ♪る〜〜〜 ♪不思議な出会 い ♪間奏	右移動（ギャロップ）8回 左移動（ギャロップ）8回 右移動（ギャロップ）4回 左移動（ギャロップ）4回 左右2-2-1-1-1-1 ※左右に"走る" "スキップ"等続ける。	カニさんになって横移動

みせる

（4）応援合戦でも応用

　運動会の応援合戦やフェスなど、即興的に盛り上がりたいときにも"8-8-4-4-2-2-1-1-1-1"のリズムは活用できます。

（使用曲：Mela!）

全身の動き	(Mela!) 歌詞とリズムパターン
グーパンチ ver. 2回	今なんじゃない？メラメラとたぎれ〈右手8回〉 眠っているだけの正義〈左手8回〉 こんな僕も〈右手4回〉　君のヒーローに〈左手4回〉 なりたいのさ〈右手2回〉〈左手2回〉〈右1回左1回×2〉 La la la la ,la la la, la lala （同じ動きで 8-8-4-4-2-2-1-1-1-1）
拳上 ver. 2回	かっこいい君には僕じゃ頼りないのかなんて 〈右手8回左手8回〉 そりゃそうだよな　だって〈右手4回〉〈左手4回〉 今もこうして迷ってる 〈右手2回〉〈左手2回〉〈右手1回左手1回×2〉 手を取ってくれないか (La la la,la la la) ギブとテイクさ (La la la,la la la) 君が僕のヒーローだったように (同じ動きで 8-8-4-4-2-2-1-1-1-1）
腕回し ver. 2回	今なんじゃない？メラメラとたぎる〈右手8回〉 こんな僕にも潜む正義が〈左手8回〉 どうしようもない〈右手4回〉衝動に駆られて〈左手4回〉 ほら気付けば手を握ってる〈右手2回〉〈左手2回〉 〈右手1回左手1回×2〉 いったいぜんたい（中略）預けてみては (同じ動きで 8-8-4-4-2-2-1-1-1-1）
ジャンプ ver. 2回	～間奏～ 〈右移動⇒ジャンプ7,8〉〈左移動⇒ジャンプ7,8〉 〈右移動⇒ジャンプ4〉〈左移動⇒ジャンプ4〉 〈右移動⇒ジャンプ2〉〈左移動⇒ジャンプ2〉 〈右ジャンプ⇒1回〉〈ジャンプ⇒1回×2〉 (同じ動きで 8-8-4-4-2-2-1-1-1-1） ※グーパンチ ver. ⇒拳上⇒腕回し⇒ジャンプ ver. 繰り返し

■■ まとめ

　ここでは決められたリズムパターンを繰り返すことで、動きを止めずにリズムにのる楽しさを体験できました。保育者なら身に付けておきたい"対面指導"に挑戦した学生は「動きを左右逆にインプットするのが大変」「座位から立ち上げるときの声かけのタイミングがつかめない」など困難さを感じた一方、「保育現場ですぐに活用できそうで嬉しくなった」という感想もみられました。「8-8-4-4-2-2-1-1-1-1」のリズムが"ハマル"曲を見つけて対面指導の練習をしたり、実習で子どもたちに対面指導を実践したりしてみましょう。左右逆は慣れるまでは戸惑いますが、子どもたちの表情や様子をみながら一緒にリズムにのれると指導者も楽しくなってきますよ。

　「リズム」はギリシャ語の rheein（流れる）に由来するといわれています。

　"いったん始まったものは一区切りつくまで流れを止めない"心意気で子どもたちと身体表現を楽しみましょう。

活動の振り返り

＊活動するにあたって工夫した点や改善点をあげてみましょう。

＊全体を振り返って、気付いたことを自由に書いてみましょう。

みせる

6 リズムにのって踊ってみよう

■ 準 備

　長女が赤ちゃんの頃（6か月）、ラジオから流れる爆音のロックビートに強く反応し、お座りしたまま激しく上半身を揺さぶり"狂喜乱舞"していました。このように、ビートの効いたリズムや親しみやすい音楽に乳幼児が反応することは経験的によく知られています。TVから流れるCMやダンスの真似も、完成度はともかく大人より幼児の方が特徴をよく捉えているようです。幼い子どもたちは「ノリがいい」のです。そんな子どもたちと一緒にリズムにのったり楽しく踊ったりできる保育者は、とても魅力的といえます。

「音楽を聴くことは好きだけど踊ることは苦手」と思うあなた、多少リズムにのり遅れたりステップを間違えたりしても、「楽しもう！」という気持ちが大切です。好きな曲に合わせて歩いたり走ったりすることから始めるのもいいですね。

参照曲

曲　名	場　面
あいうえおんがく（キング・スーパー・マーチ・バンド）	マーチ
強風オールバック（Yukopi-feat. 歌愛ユキ）	スキップ
愛を知るまでは（あいみょん）	一曲踊る
さんぽ（となりのトトロ）	発表会・運動会

■　やってみよう

（1）基本のステップ〜これだけは〜

　リズム感がないのでノリノリで踊れないと感じている人も、最低限これができ
れば格好がつくステップが“ **マーチ** ”と“ **スキップ** ”です。

①元気に行進（マーチ）

　腕を大きく振って脚も高く上げるとはつらつと
した印象になります。視線は下げず、まっすぐ前
方へ向けることで、さらに堂々とみえます。

②軽やかに弾んで（スキップ）

　おおむね3歳でスキップができるといわれてい
ますが、皆さんはいかがですか？マーチから全身

マーチ

を上下に弾
ませると自
然にスキップに移行し、その場のスキッ
プや前後移動したり、大きく弧を描いて
遠くまで移動したりすると躍動的な動き
になります。

スキップ

※**練習方法**：マーチやスキッ
プは空間を広く使って練習し
たいものです。ただ漫然とあ
ちこちに移動しても「どこ
まで行くの？」「いつ止める
の？」となります。そんなと
きは目印になるもの（コーン
など）を出発点に置いて、そ
こに戻ってくるようにすると
効率よくステップ練習するこ
とができます。

みせる

（2）曲に合わせて踊ってみよう

　軽快に歩いたり（マーチ）弾んだり（スキップ）できたら、さらに基本のステップをいくつか加えて、おなじみの曲に合わせて踊ってみましょう。ここでは、子どもたちも大好きなジブリの曲"さんぽ"合わせてみます。

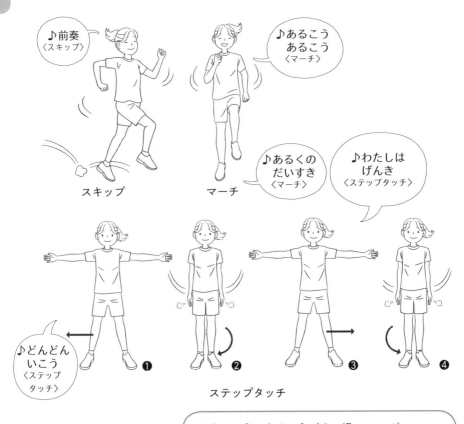

①ステップタッチ

　❶右足を一歩横に大きく踏みだし、❷左足をそろえる。左側にも同様に❸❹。腕は伸ばして広げ、脚をそろえるときに太ももを軽く打つ。

♪あるこう　あるこう〈その場でマーチ〉
♪わたしはげんき〈ステップタッチ左右2回〉
♪あるくの　だいすき〈その場でマーチ〉
♪どんどんいこう〈ステップタッチ左右2回〉

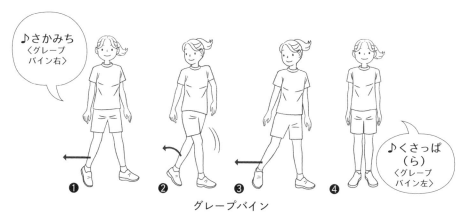

グレープバイン

②グレープバイン

❶右足を横に大きく踏みだし、❷左足を後ろから交差させ、❸さらに右足を横に踏みだし、❹両足をそろえる。左側にも同様に。

③バウンズ

両足をそろえて軽やかにトントントントン！と4回弾みます。ここでの腕の動きは、肘を曲げて脇を締める ver. ❶と頭上でパンパン！と拍手する ver. ❷の2種類設定しました。

バウンズ

♪さかみち〈グレープバイン右〉　♪トンネル〈バウンズ❶〉
♪くさっぱ〈グレープバイン左〉　♪ら～〈バウンズ❷〉
♪いっぽんばし〈グレープバイン右〉　♪に～〈バウンズ❷〉
♪でこぼこじゃりみち〈グレープバイン左〉　♪ち～〈バウンズ❷〉
♪くものすくぐってくだりみち〈マーチ or スキップで移動〉
〈歌詞2番も繰り返し同様に〉

（3）発表会用ダンス（♪さんぽの曲で）

　フォーメーションを工夫して、発表会用に構成してみました。

♪歌詞・ステップ	構成（隊形）	イメージ
♪前奏 （マーチ or スキップ）		鼓笛隊のイメージ。 それぞれ好きな楽器をもって登場。
〈1番〉 ♪あるこう　あるこう（マーチ） （白は前進、黒はその場） ♪わたしはげんき （ステップタッチ右・左2回） ♪あるくの　だいすき （白後退、黒前進） ♪どんどんいこう （ステップタッチ右左2回）		横一列 互い違いに前進。 元気よく堂々と行進。
♪さかみち（グレープバイン右に） ♪トンネル （バウンズ、前列頭上拍手） ♪くさっぱら（左へ同様に） ♪いっぽんばしに （グレープバイン右、グレープバイン前列腕脇） ♪でこぼこじゃりみち道（左に）		
♪くものすくぐって （スキップ） ♪くだりみち （スキップ⇒横1列）		
〈2番〉1番と同様の動き。 ♪間奏は楽器を鳴らす動き （マーチ or スキップ） ♪最後は並んで退場。		再び鼓笛隊で好きな楽器を鳴らすイメージで退場

■　まとめ

　"リズム"と仲良しになれたでしょうか。発表会の演技となると、どうしても「きれいにそろっていた方が見栄えがよい」とか「間違えないように何度も練習」と考えがちです。子どもの表現は結果（出来栄え）よりも過程（リズムを楽しむ）を大切にしたいので、多少の不ぞろいには目をつぶりましょう。

【受講者の感想】

●保育者自身が楽しく体を動かすことは、とても大事だと思った。

●仕掛け人となる保育者が生真面目に硬い表情で活動していたら、子どもたちの「やってみよう」という気持ちが生まれなかったり、「（振りやステップを）間違えてはいけない」と緊張し過ぎてしまうかもしれない。

●必ずしも正しく（動きを）コピーすることだけが正解ではなく、間違いながらもワイワイ楽しく動く子どもの心を大切にしていきたい。

　上述のように、子どもたちに完璧を求めすぎないということは、保育者自身も"できる・できない"で自分や仲間を追い込まないということです。「完璧にステップができないと教えられない」と保育者が思い込んでしまっては、いつまでたっても子どもたちとリズムにのる楽しさは共有できません。技術の習得だけで子どもの動きを評価する保育者にならないためにも、まずは自らノリノリで楽しむ心を大切にしましょう。

みせる

活動の振り返り

＊活動するにあたって工夫した点や改善点をあげてみましょう。

＊全体を振り返って、気付いたことを自由に書いてみましょう。

【コラム】
引き出しをつくろう（ネタを増やすコツ）

　下の表は短大生を対象に行った「実習中に行った手遊び」のアンケート結果です。手遊びは、言葉の発達が十分でない子どもでも、歌いながらリズミカルに動けるといった特長があり、最も好まれる遊びのひとつです。活動のつなぎや主活動の導入時にも、必ずといっていいほど行います。学校で習った手遊びや自分で覚えた手遊びをまとめた「ネタ帳」を手元に置き、次の活動で行うものを準備しておくと実習時の助けになります。表にあげた曲は、今日でも多くの実習生（保育者）が使っている曲です。皆さんは何曲できますか？手遊びはアレンジも簡単なため、多くの園で用いられているものからまずは覚えましょう。替え歌にする、動作を変化させることによりレパートリーは無限に増えていきます。子どもたちの前で実演するときは、「はっきりと歌い、元気よく動いてみせる」ことが大事です。同様に、ゲームや鬼遊びも、子どもの年齢や園の実態に合わせて活用すると、いくつもの保育教材ができます。多くの引き出しをもつことが、保育者としての活動に幅をもたせ、余裕をもって日々の保育にのぞむことができます。

実習中に行った手遊び上位 10 曲（複数回答）

曲	回答数
キャベツの中から	111
ひげじいさん	99
アンパンマン	97
はじまるよ	95
グーチョキパーで何つくろう	60
1本指の拍手	52
ワニの親子	48
ミッキーマウスマーチ	43
1匹のカエル	42
ころころたまご	41

（対象：S・T短大生 200 名、著者実施 2008）

【指導案】
リスと家〈4歳児〉

◇この指導案の特徴

　実習生（保育者）が子どもたちとどんな遊びをしたら楽しいか…。クラスの人数に関係なく、また、外遊び・室内遊びの両方に活用でき、アレンジもしやすい題材を取り上げた指導案です。

◇実施するときのポイント

　実習生（保育者）は、本時の活動展開について子どもの前に立って指導する自分をイメージ（シミュレーション）することが大事です。特に、ルールのある遊びは、鬼遊びに代表されるように、鬼（リーダー）とそれ以外の役について理解できていない子どもがいることが予想されます。実習生（保育者）は、「リスさんは立って」、「家さんは座って」など子どもが役を把握できているか確認を行い、ルールをゆっくりと丁寧に説明します。役に必要な動作（移動や動きなど）の練習も必要となります。

　したがって【導入】から【展開】は、一連の流れの中で実施していく方がスムーズに進行できると思います。子どもの集中力や体力なども加味しながら時間配分を設定しましょう。

〈主な活動内容〉 簡単なゲーム（鬼遊び）を楽しむ。 『リスと家』　鬼（リーダー）の合図（「リス」・「家」）で移動する。	
〈子どもの実態把握〉4歳児男女 ・さまざまな活動を通して、友達との触れ合いや言葉のやり取りを楽しんでいる。ルールのある遊びや競争的な遊びに興味をもち始めている。	〈部分実習のねらい〉 ・友達と一緒に、動く（競争する）楽しさを味わう。

時間	環境構成	予想される子どもの活動	保育者（実習生）の援助・配慮点
7分	遊戯室などの広いスペースに集合する。 準備物： 赤・白帽子（人数分）	【導入】 ◎床に座って話を聞く。 ◎3人組をつくる。 リス（1名）赤帽子、家（2名）白帽子をかぶる。 ◎動きの確認をしながら全員で動く。動きを理解していない子どももいる。	【導入】 ◎3人組をスムーズにつくるよう促す。 場所や人数によって、クラスを2つに分けて実施するなど安全面に配慮する。 ◎遊び方（ルール）の説明を行う。 ・帽子の色と役についてリーダー（鬼）のどんな合図（セリフ）でどう動くか、分かりやすく、短い言葉で伝える。 ・子どもが自分の役を理解できているか確認する。「リスさんは立って、家さんは座って」など。 ・理解できているグループ（3人組）に動作を行わせ、見本にすると分かりやすい。
10分		【展開】 ◎ゲームを始める。 ・数回行ったら役割交替する。リーダー（鬼）をやりたい子どももいる。 ・実習生（保育者）が示した動作以外にも面白い動きをみせ合っている。	【展開】 ◎最初は、実習生がリーダー（鬼）の役を行うと、子どもの理解度に合わせた進め方が可能。 ◎基本のルールで動くことができるようになったら「リス」はスキップ、「家」はギャロップで動くなど移動時の動作を変化させる。
3分	帽子を集める。	【まとめ】 ◎実習生（保育者）のまわりに集まる。 ・楽しかった様子を子ども同士で話している。 ・保育者の問いかけに答える。	【まとめ】 ◎皆で活動したことを振り返り、楽しかったことを共有する。 ◎次回は「○と○は何にしようかな」と期待をもたせる。

【コラム】
舞踊作品と身近なものたち

子どもたちは背もたれ付きの椅子をひっくり返して車の運転を始めたり、破れ傘をクルクルッと回して「バレリーナ！」なんて遊んでいます。「椅子は座るもの」「傘は雨天にさすもの」という固定観念をもたず自由な発想で楽しんでいるのです。クラシックバレエの様式美を否定して始まった現代舞踊や、今この時代を切り取るコンテンポラリーダンスにおいても、自由な発想を重視し身近なものを抽象的なイメージに見立てて作品を創作することがあります。ここでは新聞紙と傘を使った舞踊作品をご紹介しましょう。

写真A：私の光に影が溢れる

☆作品「私の光に影が溢れる」（写真A）
　コロナ禍における災難や情報過多を象徴するものとして舞台天井から新聞紙が降ってきます。それに翻弄される人間の呆然自失ぶりが表現されている作品。

写真B：アオゾラ

☆作品「アオゾラ」（写真B）
　開いた大傘を引きこもりの部屋に見立て、１人籠って外界の青空を夢想している作品。体がすっぽりと傘に隠れつま先だけが見えている序盤は、ためらい抜け出せない苦悩を表しています。終盤は現実と対峙しようと部屋（大傘）から出るが、果たして"アオゾラ"は見えたのでしょうか。

写真：竹田宗司
振付：さとうみどり

模倣遊び・見立て遊び・表現編

心と体を解放して表現の世界へ

子どもたちはヒーローや忍者が大好きで、真似したり、なりきって遊びます。想像力は無限で、現実の世界と空想上の世界を行き来しているのです。保育者を目指す皆さんも、イメージして動いてみる、動きだすとイメージも湧く…というように"動き"と"イメージ"をつなげて身体表現を楽しみましょう。

楽しむ

1 しんぶんしで遊ぼう

■ 準 備

　表現への導入としてしんぶんしの力を借ります。走る、跳ぶ、伸びる、縮むなど単発の動きを起伏をもった流れるような踊りに発展させる達人"しん先生"（新聞紙を先生に見立てて）に習いましょう。幼児の遊びや教員養成系大学のダンス入門として、さらには演劇を学ぶ者の訓練方法としても、多岐にわたる場面でしんぶんしは活用されてきました。

　しんぶんしをピ〜ンと張ったりクシャクシャに丸めたり、ギュ〜ッとねじったりして形を変えてみましょう。変幻自在に変わるしんぶんしの形や動きを体で真似ることで、型にはまらない自由で伸び伸びした動きを体験してみます。用意するものは、しんぶんし1枚だけです。

ピ〜ンと張ったり

広げたり折ったり

いろんな形がつくれるね…

ねじったり丸めたり

　"しんぶんしで遊ぼう"では、活動中にテンポのよい軽快な音楽がBGMとして流れていると、より楽しく体が動きます。

（参照曲「インフェルノ」Mrs.GREEN APPLE）

■　やってみよう
（1）しん先生の真似っこ

シャキッと
立って！

"しん先生"➡

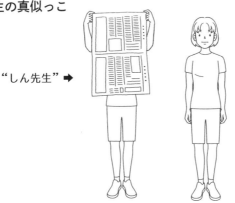

　"学ぶ"の語源は"真似ぶ"からきているという説もあります。"しん先生"（新聞紙）の登場です。「先生は皆さんの体を自在に動かしてくれる名人だから、しん先生の動きの真似っこをするだけで、あっという間にどんな風にでも動ける体になれますよ！」という声かけで、皆さんは先生（教師）が操るしんぶんしの動きを忠実に真似してみましょう。先生がしんぶんしをゆらゆら揺らしたら、皆さんもその場で胴体を揺らしてみます。しんぶんしを床にべた～っと置いたら、素早く床に寝て体を薄く平たくしてみましょう。うつ伏せか仰向けかと迷う必要はありません。しん先生は紙ですから仰向けもうつ伏せもありません。

あれ～っ
体が傾いて

楽しむ

（2）互いに真似っこ

「この楽しみをみんなにも分けてあげる。2人組でじゃんけんして勝った人からしん先生を操れるよ」という先生（教師）の言葉を受けて、一方がしんぶんしを操り、もう一方がしんぶんしの動きを真似します。

息が上がるくらいパートナーの体を自在に動かせたら、攻守交代です。「リベンジ、倍返しだ！」という声かけをすると反撃もさらに盛り上がるでしょう。

楽しむ

　仲間と一緒にしんぶんしと戯れていると、あら不思議、型にはまらない多様な動きをしている自分たちに気付きませんか。しんぶんしの動きを追い素直に真似をするという活動が自己表現の恥ずかしさを払拭し、自然に"表現する体"へと導いてくれたのです。

ちょこっと振り返り

やってみた感想を書いてみましょう。

（3）"ひと流れの動き"を体験して踊る気分を味わう

　しん先生のおかげで、伸びやかな身体表現ができそうな体になってきました。もう一歩表現の世界へと歩を進めてみましょう。松本千代栄は、途切れさせたくない心地よい運動の最小つながりを"ひと流れの動き"と称して、単発の動き（movement）が起伏をもってダンスへとつながる起点と捉えています。この"ひと流れの動き"をいくつかつなげて動くと、流れるような一つの小作品になります。思い思いのタイトルをつけたら、もう立派なオリジナルの舞踊作品になるのです。ここでは小作品のタイトル（題名）を"私は風"や"鳥のように"などと仮につけてみます。そよ風が渡るような爽やかな曲が流れたら気分もすっかりダンサーです。

（参照曲：「風になりたい」THE BOOM、「地球儀」米津玄師）

　まずは、しん先生に密着して学び（真似）ましょう。

①風を切って走ろう

　しんぶんしをお腹に張り付けて、両手を離して風のように走り抜けます。勢いつけてスピーディに走ると、両手を離してもしんぶんしは落ちてきません。弧を描くように旋回してみましょう。もうこれだけで"私は風"（仮

両手広げても落とさず走る

題名）の感じが出てきました。

②頭上に掲げて走る

　上手に弧が描けたら、両手でしんぶんしをもち上げ、頭上で「パタパタパタ…」としんぶんしのたなびく音を感じながら疾走します。足音をドシドシッとさせると、しんぶんしの素敵な音を感じることができません。軽やかに滑るように走り抜けましょう。

もち替えて頭上に

はためく音を聴きながら走る

ジャンプして思いっきり投げ上げる

よ～く見て

③投げ上げて床としんぶんしの狭間に体を滑らせて

走りながらジャンプして、思いっきりしんぶんしを投げ上げましょう。ひらひらとしんぶんしは落ちてきます。そこにすかさず滑り込みます。落ちてきたしんぶんしに体が隠れたらひと流れの動き完了です。一連の動きがよどみなくできたら、単発の動きがムーブメントへと発展していることが実感できると思います。

④しんぶんしから離れて踊ろう

お腹につけて走ったり頭上でたなびかせたり、投げ上げて滑り込む一連の動きを、しんぶんしを使わず、（あるつもりで）イメージして動きましょう。すると「風」や「鳥」をイメージした流れるような心地よい動きになります。これが、踊りの起伏を知る最小単位 "ひと流れの動き" というわけです。同じように〈頭上でパタパタ…の音を聴きながら走る⇒思いきり投げ上げる⇒舞い落ちるしんぶんしをしっか

お腹にしんぶんしがあるつもりで疾走

りみて滑り込む〉　という一連の流れをしんぶんしを操っていたときと同じ動きにします。風を切って走る動きからの流れを2～3回繰り返して、最後にお気に入りのポーズでしめたら小作品"私は風"や"鳥のように"の完成です。

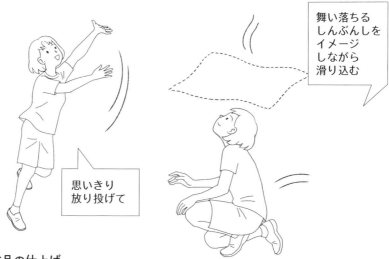

舞い落ちる
しんぶんしを
イメージ
しながら
滑り込む

思いきり
放り投げて

⑤小作品の仕上げ

　動きにBGM（選曲を参照）をつけると、より一層ダンスの小作品のような雰囲気が出てきます。ラストは、タイトルに合うようなポーズを考えてみましょう。

最後のポーズも
カッコ良く決めて！

楽しむ

■ まとめ

　しんぶんしと楽しく戯れながら、踊る気分を味わえたでしょうか。音楽にテンポや動きをぴったりと合わせるだけが踊りではありません。時には体の赴くままに即興的に感情表現をすることも、子どもの表現にも通ずるダンス（身体表現）なのです。動きが分からない、曲に合わせられないなどとためらわず、しんぶんしを自在に操ったことを思いだして楽しく体を躍らせてみてください。子どもの身体表現を認めてあげられる素敵な保育者になれることでしょう。

　しん先生と"ひと流れの動き"を体験した人たちは、口をそろえて「しん先生の魔法にかかったみたい」「しんぶんしの真似をしただけなのにダンサー気分」「知らないうちに表現の世界に引き込まれていた」と言います。前述したように、しんぶんしの動きに集中することで表現につきまとう恥ずかしさを感じる隙を与えないという作戦なのです。"表現することは苦手""どう動いていいか分からない"と不安を感じている皆さんにぜひ試してほしい方法の一つです。

活動の振り返り

＊活動するにあたって工夫した点や改善点をあげてみましょう。

＊全体を振り返って、気付いたことを自由に書いてみましょう。

楽しむ

2 ぴよぴよちゃん（真似っこ遊び）

■ 準 備

　子どもは真似っこが大好きです。TVアニメのヒーローや卓越したスポーツ選手の一瞬の妙技、親しみやすいキャラクターの風変わりな動きを好んで真似して楽しんでいます。ここでは、卵から孵化したばかりのヒナが目の前にいる親鳥の真似をするという習性にならい、「ぴよぴよちゃん！」と名付けた真似っこ遊びを紹介します。次々に繰りだされる親鳥の動きがユニークなほど、真似がどんどん楽しくなって、「次はなぁに？もっとやろう！」と子どもに要求されるかもしれません。そんなときのおしまいの仕方も紹介しているので、保育現場でぜひ活用実践してみたい遊びです。

■ やってみよう
（1）ぴよぴよちゃん

お母さんの真似してね！

はーい

　この遊びの進め方はとてもシンプルです。表のように、保育者が「ぴよぴよちゃん！」と呼びかけたら子どもたちは「何ですか〜？」と興味津々で返事をします。保育者は子どもたちが挑戦したくなるような、さまざまな動きを繰りだしながら「こんなこと、こんなことできますか？」と真似を促します。すると、子どもたちは得意げに動きながら「こんなこと、こんなことできますよ〜」と動きで応える…の繰り返しで多彩な動きを子どもが体験する遊びなのです。

ぴよぴよちゃん！（問いかけて引きだす指導）

保育者	子ども
①ぴよぴよちゃん！	何ですか〜？
こんなこと、こんなことできますか？	こんなこと、こんなことできますよ！
②ぴよぴよちゃん！	何ですか〜？
こんなこと、こんなことできますか？	こんなこと、こんなことできますよ！
③ぴよぴよちゃん！	何ですか〜？
多様な動きを繰りだす〜繰り返し〜	真似っこを繰り返す

（2）いろいろな動きにチャレンジしよう！

①柔らかい体の動き：フニャフニャな軟体動物のように

②硬い体の動き：①とは真逆のカクカクしたロボットのように

③床での低い動き：はう、転がる、保つ

④飛ぶ形いろいろ

⑤テンポアップしてみよう

　早い転換に動きがついていけなくても、子どもはテンポアップを好みます。少々下品な動きや変な動きも子どもが好きな動きの一つです。動きを真似してくれるけれど、子どもの動きが小さい、全身を使えていない気がするときには、空間を広く使い、移動する動きを足してみましょう。

移動の例

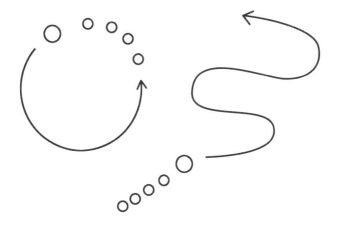

⑥イメージを思い浮かべ、ストーリーで展開を考えよう

　とっさに動きが思い付かないときは、何かをイメージしストーリーで展開を考えてみましょう。テンポよく次々に動きを繰りだしたいけれど、次に何をしたらよいのか考え込んでしまうと、せっかくの子どもとの楽しいやり取りが途切れてしまいます。イメージをもって（ストーリー仕立てにして）動きを提示してみましょう。

たとえば、卵があって

もぞもぞしながら
ぐ〜んと体を伸ばして

ヒナがパッカーンと
生まれてきました

ついには巣立ちのとき。
大空に飛び立ちました！

　卵から巣立ちまでイメージすると、次にど
う動いたらいいか忘れることもないですね。
どんなイメージで動いたかは、あえて子ども
に伝えなくてもよいと思います。子どもは動
きを楽しみ、想像を膨らませるでしょう。

⑦変な形のポーズ

　メディアに出てくるお笑い芸人の物真似や、お
尻に関する動きなど、「わざとかな？」と思って
しまうほど、大人が顔をしかめるような動きを子
どもは好みます。

⑧終わり方

　楽しく続けている「ぴよぴよちゃん」ですが、そろそろ終わりたいなと思

ビシッと
気をつけ
できますか？

ビシッと
気をつけ
できますよ！

うとき、どうしたら区切りを付けられ
るでしょうか。名案があります。
　こんな風に「しめのポーズ」を促
したら、そのままよい姿勢を真似し
てくれます。これで一連の遊びの区
切りをつけられます。もちろん、「座
位で両手がお膝」や立ったまま「ヒー
ローの決めポーズ」で仕舞うことも
可能ですね。

楽しむ

■ まとめ

　流れを止めずに真似を促しながら、次々に動きを繰りだすヒントを表に示しました。最初は一つ一つの動きをしっかり真似してもらいますが、慣れてきたら徐々にテンポアップすると、楽しさやわくわくが倍増します。

多様な動きを引きだすポイント

テンポアップ	頭、腕、尻などをテンポを変えながら動かす。だんだんテンポアップするとスリルを味わえる。
変な動き	保育者が変な動きをすると、子どもは喜んで真似をする。
移動する動き	子どもの動きが小さいときは、あちこち走り回って移動する動きを取り入れると動きが大きくなる。

　実践してみた学生さんの感想を聞いてみましょう。

【受講者の感想】
- 声は小さくなりがち、（声や動きを）大きくする、強弱をつけるとよい。
- 次々とテンポよくやった方が子どもも楽しいし、先生が間違えてしまうのもまた楽しい。
- 声を出しての指導は最初恥ずかしいと思ったけど、楽しそうに真似てくれたから嬉しくなった。
- 恥ずかしがらずに楽しみながら堂々とやるのが大切。
- 子どもの動きを大きく成長させる遊び。
- できないけど、難しい動きもまた楽しい。
- 自分が5歳児になってみると、先生の動きをよくみている。そして「真似っこしている」こと自体が楽しいと気付いた。

　大きな声で元気よく"ぴよぴよちゃん！"と呼びかけて堂々と動いてみてください。先生が楽しそうなら、きっと子どもたちは真似してくれますよ。

活動の振り返り

＊活動するにあたって工夫した点や改善点をあげてみましょう。

＊全体を振り返って、気付いたことを自由に書いてみましょう。

3 忍者・ヒーロー・ロボット

　子どもたちに人気の忍者やヒーロー、ロボット。いずれも、実際にはお目にかかることができない想像上の人物といえます。それらを体で表現するには、イメージづくりが大切です。登場人物や場面のイメージを、子どもの豊かな発想で膨らませ、膨らませたイメージを思いのままに表現する活動のあり方について考えてみましょう。

■ やってみよう

（1）忍者ごっこ

　「忍者」をイメージしながら動く活動は、親しみやすさといった点からも教材として活用しやすく、特に幼児期から小学校低学年にかけて多く取り上げられます。歩く、走る、跳ぶなどの動き以外にも、ジャンプや回転をしながらの移動、さまざまな小道具を用いて臨場感あふれる場面設定が行えるなど、応用範囲も広く、一度は体験させたい活動といえます。ここでは、イメージの出し合いをもとにさまざまな動きを楽しむという指導過程を紹介します。

①いろいろな忍者の技をやってみよう

クラス全員でどんな技があるか技を出し合います。

忍び足の術　　　　　速足の術　　　　　綱渡りの術

分身の術　　　　　手裏剣の術　　　　　隠れ身の術

攻撃の術　　　　　高跳びの術

②**忍者になりきろう**

❶出された技を真似てみる→自分で好きな技を 1 つ決める。

❷ 2 人組をつくり、好きな技を互いにみせ合い、2 つの技をつなげて動いてみる。

❸ 4 人組（2 人組 × 2）をつくり、4 つの技を組み合わせ、動いてみる。

❹最初と最後のポーズは保育者が指示する。

（最後の決めポーズを全員で行うことにより、皆で行っているという一体感が生まれやすい。）

❺忍者にふさわしい音楽（効果音）をかけ、グループごとにみせ合う。

③保育者の働きかけ

「ササササ…」、「ピタっと止まる」、「抜き足、差し足、忍び足」などの言葉かけを行いながら、保育者が忍者らしい動きを子どもに提示すると、新しい動きの発展につながっていきます。イメージを膨らませやすいように、言葉かけを工夫しましょう。

（2）ヒーローの世界

　子どもにとって強くて正しい救世主的な存在がヒーローです。また、ヒーローは常に戦っているものと子どもは捉えています。子どもが憧れるヒーロー像を演じるには、演じようとするヒーローの特徴や様子を捉え、具体的な動きをみつけなければなりません。

【イメージを広げるために】

　❶動画や写真など ICT を活用する。

　❷演じるヒーローはどんな動きをするのかなど言葉（記録）に残しておく。

　　（例：変身するときは左腕を大きく2回まわす、空を飛んで移動するなど）

　❸風呂敷や新聞紙などの小道具を用意する。

（3）ロボットになろう

　ロボットの面白い動きを考えてみましょう。

【ロボットの特徴は？】

　「カックンカックン」と動く、手や脚の動きは常に直線的、顔の表情が乏しい（喜怒哀楽がない）など人間とは異なる特徴があります。しかし、子どもはどうでしょうか。大人にはない発想があると思います。大人のもつ固定観念にとらわれることなく、子どものもつイメージを大切にした指導が必要です。一案として、ヒップホップ系の「ロボットダンス」にみられるような動きをいくつか選び、ほとんどの子どもが知っているような軽快な音楽に合わせて動いてみるなど導入時の工夫が考えられます。

楽しむ

■ まとめ

　本項では「忍者、ヒーロー、ロボット」を題材としてとりあげました。（1）の忍者と同様にヒーロー、ロボットもイメージづくりからスタートします。保育者は、登場人物や登場場面のイメージを子どもが思い描けるようなサポートを行っていきます。イメージづくりには、絵本や物語、動画なども役立ちます。情報収集に努め、事前の準備をしっかりしておきたいものです。また、保育者自身が子どもの前で自信をもって動きを示せる（見本をみせる）よう動きを習得することも必要です。

【演じるための環境づくり】

　園行事などの中で、子どもたちの日常の活動を発表する場は多くあります。身のまわりにあるものを効果的に使って発表（会）を盛り上げましょう。

　　◎音
　　　• 楽器（ピアノ伴奏、大太鼓、小太鼓、シンバル、タンバリン、鈴など）
　　　• 身のまわりにあるものを使った楽器の代用品
　　　　（ボール、竹、スリッパを床に打ちつける・叩く、箱の中に小石を入れ揺らすなど）
　　　• CD や音楽アプリケーション（効果音、テクノサウンドなど）
　　◎小道具（跳び箱、マット、段ボール、縄など）
　　◎衣装（風呂敷、ハチマキ、カラービニール袋、新聞紙など）
　　◎照明（暗幕やカーテンの活用、電気の消灯など）

活動の振り返り

＊活動するにあたって工夫した点や改善点をあげてみましょう。

＊全体を振り返って、気付いたことを自由に書いてみましょう。

みせる

4 身近なものを使って表現してみよう

■ 準 備

　保育所や幼稚園の発表会では、子どもたちが手にポンポンやフラッグをもってダンスを踊る姿が散見されます。身近にあるものを使って表現することは、動きの幅が広がり新しい動きの発見につながりますが、小道具（もの）に捉われて体の動きがおろそかになっては本末転倒でしょう。ここでは、カラーボールやフープ（輪）、縄、マットなどの身近なものを使って、子どもたちの体の動きや遊び心を広げる体験をしてみましょう。

　創造的な遊びを楽しむために、１つだけルールがあります。もの本来の使い方をしないことです。たとえばボールなら、バレーボールやサッカーのように両手でパスしたり脚で蹴ったりしない、縄で縄跳びをしない。マットで前転・後転をしないなどです。新しいアイデアを生みだすには従来の発想から離れてみることも大切です。バックに流れる音楽は必須ではありませんが、明るく軽快な音楽が流れていると気分も高揚し動きも活発になるでしょう。

（参照曲：遊び：「君は天然色」＜川崎鷹也＞／ 発表会作品：「やってみよう」〈WANIMA〉原曲イギリス民謡ピクニック）

■　やってみよう

（1）ものを使った遊びを楽しむ

　フープ（輪）や布、ボールなどを空間に配置しておきます。「子どもならどう使って遊ぶ？」と考えたり、大人の私たちだからできる発想の転換をしてみたりと固定観念に捉われず自由に楽しんでみましょう。

　グループ（4～5人）ごとに1つのもので数分間（3～5分）遊び、使用したものはその場において次のものへと移動します。ものは動かさずにグループがローテーションをしていく方法です。1つのものに固執して「どうしよう？」と考え込んでしまわずに、アイデアが浮かばないときには次のものに移りましょう。2周くらいローテーションをすると、どんどんアイデアが浮かぶようになります。

（2）グループごとに、１つ選んで遊びをつくろう

　数種類のもので楽しく遊んだら、何が一番楽しかったか、子どもたちの体が動くのかを話し合って、１つを選んでみます。

①縄を選んだグループ

（縄で）
ケンケンパ

　子どもたちが思いつく電車ごっこも楽しいですが、床に丸い形で置いたら、"ケンケンパ"もできますね。

縄を細かく震わせ、にょろにょろ蛇に驚いたり、波打ち際で遊んでみましょう。

②**フープ（輪）を選んだグループ**

2人組でじゃんけんぽん！負けたらイルカ、勝ったら調教師。イルカは往復2〜3回輪をくぐって名演技を披露しましょう。

みせる

③布を選んだグループ

　男児なら必ずやりそうなスーパーマン。布をもって走るとカモメの飛翔になります。

（布で）スーパーマンにもなれるよ

♪カモメが飛んだ〜

全身で噴水

　水色の布を使うと噴水にもみえます。布の延長線上の体も噴水になりきります。

④カラーボールを選んだグループ

　ボールを時限爆弾に見立てたら、スリル満点の鬼ごっこになりました。爆発しそうなボールをもって、皆を追いかけます。必死で逃げますが、パスを受けたら鬼の交代です。もちろん床に落としたら爆発です。

逃げろ～！

ボールで
時限爆弾

　このように、大きな遊具や装置がなくても、発想を豊かにするだけで身近なものを使って遊びを考案することができます。ぜひ"柔らかい頭"で新しい遊びを考案してみてください。

（3）もの（輪）を使って発表会作品をつくろう

　3つのグループ＜ａ．ｂ．ｃ＞数名ずつで行う例です。

アトラクション名	全体構成（作品の運び）	♪やってみよう WANIMA
a．ジェット 　コースター	・5～6人がフープで連なり、急降下・急上昇しながら走り抜ける。	（トライトライ！） 正しいより楽しい 正しいより面白い やりたかったことやってみよう 失敗も思い出

みせる

b. コーヒーカップ	・2人ずつ輪に入りゆっくりと回る。	はじめようやってみよう 誰でも最初は 初心者なんだから やったことないことも （〜中略〜） あたらしい楽しい
c. ゴーカート	・1人ずつ輪に入り車で疾走。 　時にはクラッシュも。	（トライトライ！） 悲しいときは笑って 寂しいときは声出して 雨はいつまでも続かない 土砂降りも楽しもう （〜中略〜） 理由なんていらない
d. 全員で	・a，b，cチームが、それぞれのポーズを 　考える。	やってみよう やってみよう やってみよう やってみよう 原曲：イギリス民謡 ピクニック

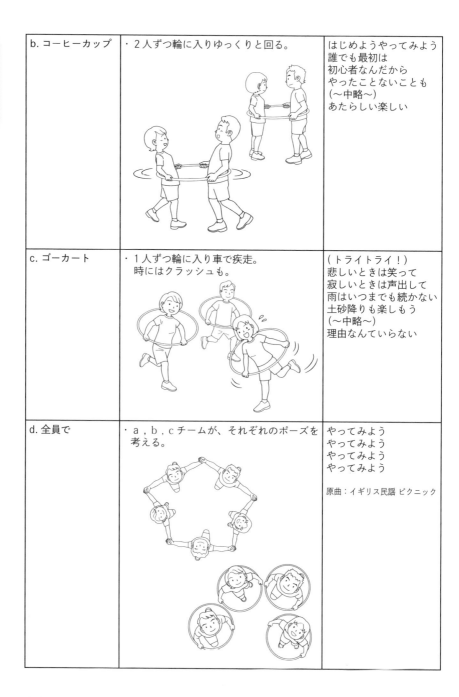

■ まとめ

　フープやボールなど身近なものをいろいろなものに見立てて遊ぶときには、童心に帰って"何でもあり"の世界を楽しみましょう。また、発表会でもの（小道具）を使う場面では、子どもの体が伸び伸び動くような小道具の使い方を工夫しましょう。あくまで主役は子どもたちの体や動きです。

活動の振り返り

＊活動するにあたって工夫した点や改善点をあげてみましょう。

＊全体を振り返って、気付いたことを自由に書いてみましょう。

5 思い出のアルバム（発表会に向けて）

■ 準　備

　ここでは、季節や年間のイベントなど心身がうきうきするような出来事から表現が生まれることを知り、仲間と楽しみながら体で表現する体験をしてみましょう。幼稚園教育要領における領域「表現」の内容（8）（自分のイメージを動きや言葉などで表現したり、演じて遊んだりするなどの楽しさを味わう）に関連しています。①〈連想遊びと動きのデッサン〉と②〈面白い動きを選んでつなげる〉では、童心に帰って無邪気に遊んでみましょう。③〈発表会に向けて〉では、保育者としての視点で作品構成を考えてみます。

　日々の生活の中で、特に印象深い出来事や感動したことを思い浮かべ、そのイメージにふさわしい楽しい動きや躍動感のある動きをみつけだし、みつけた動きをつなげることで作品になる体験をします。感動が伝わる作品にするためには、日々の単発の遊びや動きを積み重ねることが大事です。発表会直前になって既成の振り付けを真似しても、子どもたちは生き生きとみえません。子どもの実体験を大切にしましょう。

参照曲

曲　名	場　面
思い出のアルバム	卒園式お別れ会
フィクション（sumika）	生活発表会
くるみ割り人形組曲 Op.71 （行進曲・タランテラ・間奏曲 etc.）	運動会・発表会

■ やってみよう

（1）連想遊びと動きのデッサン

　ある日帰宅したお父さんに「今日、お庭にトカゲがいたよ」と4歳男児が夢中で語りかけます。お父さんが「トカゲはどんなだった、怖かった？」と尋ねると、「こんな風にササッーって、ちょっと怖かった」と答えてくれました。トカゲの様子を言葉で説明するのがもどかしくて、体の方がすばやく反応し

トカゲはどんな感じだったかな、怖かった？

うん、ちょっと怖かったよ

たのです。こんな子どもの素朴な身体表現を見習って、私たちも生活の中での心動かす出来事を言葉に変換しないで、動きに変える即興に挑戦してみます。「動きのデッサン」といいます。

①春には

春を探しに散歩に出かけると、たんぽぽ咲いてたよ。綿毛はふぅ〜ってしたらふわふわ飛んでった！（綿毛になってふわふわ〜と飛んでみる）

葉っぱにてんとう虫が止まっていた、ダンゴ虫もみつけちゃった！（ダンゴ虫になって床を這ってみる）

②夏には

夏は楽しいイベント盛りだくさん。打ち上げ花火がどか〜ん！（思いっきりジャンプ）

③秋には

園での芋ほりが印象に残っていたら土の中の芋になる？（床でもぞもぞ動く）

④冬には

エアーで友だちと雪合戦をしたり、雪だるまになって転がってみたり、トナカイになってサンタさんを乗せてみましょうか。（丸くなって転がる）

　こんな風に、日常生活の中の心に残る出来事を瞬時に体で表現する習慣を日ごろからつけておくと、子どもたちの生き生きとした身体表現にも「いいね、その動き！」とよいところをみつけてほめてあげることができます。子どもの豊かな身体表現を引きだすためには、まず保育者となる私たちも実際に体を動かしてみることが大切です。

（2）面白い動きを選んでつなげる〜みつけた動きから〜

　子どもが何度繰り返しても飽きずにする動きや、保育者が思いつかない動きをみつけましょう。大人の私たちには想像できないユニークな発想や、面白い動きが現れます。そこを見逃さずに"動きのストック"をしておくのです。発表会の構成に取り込める「子どもから生まれた動き」です。ここでは1年間のまとめとして発表する作品のために、四季それぞれの動きを選んでみましょう。各パートに取り入れたいイメージはどんな動きでしょうか。

①春を探しに散歩に出かけよう

　園では春を探しにみんなで散歩に出かけます。元気に歩く、道草をしながら歩く、何かをみつけてしゃがみ込むなど、子どもの多様な歩き方をイメージしてみます。原っぱでひと休みしたら、それぞれがみつけた"春"の真似っこです。ミツバチや蝶々、ダンゴ虫、花吹雪など、春ならではの出合いがたくさんあることでしょう。

②水族館の夏

　水族館でみた生き物は魅力いっぱいです。子どもは好きな生き物をよく観察して上手に真似をします。動きだけでなく顔の表情まで似せるのは、やはり子どもならではのみずみずしい感性ですね。

③木枯らしの秋

　秋の散歩では、落ちてくる枯れ葉をキャッチしようと背伸びをしたり、落ち葉になってひらひらと舞い散ってみたり、激しく木枯らしが吹き荒れたりと、躍動的な動きを選んでみましょう。

④トナカイとサンタさんの冬

　何といっても期待してしまうのは冬にやって来るサンタクロースです。トナカイに乗って来ると子どもは信じていますから、ここはセットで仲間と一緒に動いてみましょう。お友達を背負って走ろうとしたり、さまざまな動きにチャレンジするかもしれません。怪我のないよう気を付けながら、動きの工夫をする子どもたちを見守りたいものです。

⑤大人のための困ったときのポーズ

　知識も教養もいったん隅に置いて、無邪気にイメージを動きに変換できましたか？子どもはためらわず次々に動けるのに、大人になるとパッと動きが思いつかずフリーズしてしまうことがあるでしょう。そんなときは困ったときのポーズをあらかじめ考えておきましょう。表現遊びの流れを止めずに続けられる万能なポーズです。

大人のための困ったときのポーズ

（3）発表会に向けて

　いよいよ次の段階では、図の③グループ全体作品です。動きを選んで作品につなげてみましょう。

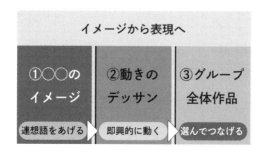

（4）発表会に向けて～作品に構成～

思い出のアルバム　作品構成図　　　　（曲：くるみ割り人形から行進曲・間奏曲）

テーマ	遊びとピアノ曲	隊　形	主な動き
春 ： 春みっけ	◇♪行進曲①登場 （始め～1分9秒）		・上手（正面向かって右）に全員スタンバイ。 ・曲と同時に連なって元気よく歩いて登場。 ・楕円形になったら内側を向いて体を揺らす。 ・きょろきょろとあちこちに春を探して空や地面をみながら歩こう。
野原で遊ぼ	◇♪行進曲② （1分10秒～ 　1分52秒）		・蝶々やミツバチ、タンポポの綿毛など好きな生き物になって自由に動き回ろう。 ・人数が多い場合は半数ずつ円の内に入り30秒ほどで交代する。
夏 ： 海の生物	◇♪間奏曲① （始め～1分5秒）	海草　　お魚 カニ タコ	・ワカメやお魚、カニ・タコなど、水族館でみた海の生き物になって、ゆ～っくりと水中を動き回ろう。水底まで潜っていく気持ちで低い姿勢でゆっくり動く。ゆらゆら海の生き物になりきる友達の真似をしてもOK！
秋 ： 木枯らし	◇♪間奏曲② （1分6秒～ 　1分55秒）		・曲想が変わったら、木枯らしに吹かれた落ち葉になってクルクル回る。1人で回る、友達と手をつないで回る。ぶつからないように留意しながらあちこち激しく動こう。
冬 ： サンタとトナカイ	◇♪間奏曲③ （1分56秒～ 　2分30秒）		・木枯らしが止んだら2～3人組になって、サンタさんとトナカイさんで上手奥に退場。「シャンシャン！」と鈴の音を口ずさみながら仲良く走ったりスキップしたりして全員最初の場所に帰ろう。

■　まとめ

　子どもたちから生まれた動きをベースにして発表会作品を構成しましたが、
保護者や地域の方々に鑑賞してもらう作品として、今
一つ盛り上がらない、引き締まらないと感じることが
あるでしょう。そんなとき、万能の「仕上げのコツ」
が3つあります。1つ目は、全ての動きを"大げさ
（オーバーアクション）に"することです。やり過ぎ

仕上げのコツ	1. 大げさに
	2. 繰り返す
	3. 遅速の変化

かな？と感じるくらいで観る側にはちょうど伝わるのです。大きく伸びる動き
はさらに大きく、小さく縮む動きはもっとぎゅっと小さくすると、動きにメリ
ハリ（変化）が出てきて見栄えするものに進化します。2つ目は、伝えたい動
きは何度でも繰り返すことです。1回跳んだだけでは伝わらない動きも、何度
も繰り返し跳ぶとカエルにみえたり噴水にみえたりしてきます。3つ目は、動
きに遅速の変化をつけること。観てほしい箇所をスローモーションにしたり、
逆に2倍速3倍速にすると目を引きます。時にはストップモーションも入れ
るとさらに効果的になるでしょう。

　生活の中の"表現遊び"が積み重ねられて生活発表会へとつながるためには、
観る人々を引きつける"仕上げのコツ"を保育者が身に付けておく必要がある
のです。

活動の振り返り

＊活動するにあたって工夫した点や改善点をあげてみましょう。

＊全体を振り返って、気付いたことを自由に書いてみましょう。

【指導案】
しんぶんしで遊ぼう〈5歳児〉

◇この指導案の特徴

しんぶんし1枚を操り、その形や動きの真似をするだけで自在な体の使い方を体験できます。

◇実施するときのポイント

体を動かすことが好きな子と室内遊びを好む子がいますが、運動能力を問う遊びではないので、自分が思ったままの動きで十分です。最初は保育者がしんぶんしを操り子どもたちがその動きを真似しますが、2人組で操る役と真似する役になって交代したり、違う友達とペアになって遊ぶこともできます。しんぶんし見開き1枚は子どもの体には大きいので、体につけて走る遊びでは二つ折り（縦54.6cm, 横40.6cm）がちょうどよいサイズとなります。

保育者の楽しい言葉かけで動きを引きだすときには「ぎゅ～っ！」「ガサガサッ」「ピ～ン！」などオノマトペ（擬音語）を多用すると効果的です。

◇応用・発展

導入では、二つ折りの大きさのしんぶんしで体を覆い、体の一部（片手や片足）をそ～っと出したりパッと隠したりする"かくれんぼ遊び"や、しんぶんしを敷き詰めた床を凍り付く大地に見立てて「冷た～い！」と叫びながら飛び跳ねたり、丸めて雪合戦をしたりと、たくさんの遊びが考えられます。子どもの多様な動きを導入段階から引きだすように心がけましょう。

発展例としては、しんぶんしを衣装としてまとっての"ファッションショー"も年長さんでは楽しく展開できるでしょう。無限に楽しめるしんぶんしの活用法を工夫して、子どもたちと一緒に多様な動きを楽しみましょう。

〈主な活動内容〉
しんぶんしの形や動きを真似て楽しみ、いろいろな動きを体現する。

〈子どもの実態把握〉5歳児男女	〈部分実習のねらい〉
・体を動かして遊ぶことを楽しむが、遊びや発想に男女の違いも出る。 ・友達と協同遊びもできるが、自己主張が強く出るときもある。	・形に捉われない自由な動きを体験する。 ・友達と交代しながら、しんぶんしを扱う役と真似する役を楽しむ。

時間	環境構成	予想される子どもの活動	保育者(実習生)の援助・配慮点
3分	保育室(広いスペース) 足元に危険物がないか確認する。	【導入】 ◎興味津々しんぶんしをお腹につけて「きゃ～!」と歓声をあげながら走り回る。	【導入】 ◎「今日はしんぶんしで遊びます」と声をかけ、「落とさないで走れるかな?」と促す。
10分	・保育者が1枚しんぶんしをもつ。	【展開】 ◎子どもは思い思いに動きを真似し「ゆらゆら～」などオノマトペの音を発して動く子どももいる。	【展開】 ◎「皆にいろんな動きを教えてくれるしん先生(新聞紙)の真似っこして」とぴ～んと張ったりゆらゆら揺らしたり保育者が操る。
		・「え～?変な動き!」と躊躇する子どももいる。	・「思ったとおりでいいんだよ」と自由に動くよう声かけをして援助する。
	・子ども1人が交代で1枚ずつ	◎しんぶんしをもった子どもはくしゃくしゃに丸めたり投げ上げたり得意げに動かし、真似する子どもは自分なりの動きで楽しんでいる。	◎「皆もしん先生を動かしたい?2人組になろう」と促し、じゃんけんで勝った子どもにしんぶんしを渡す。「さぁお友達をいっぱい動かしてみようね!」と元気よく声をかける。
		・即座には真似できない子どもも、何となく周囲に同調して体を動かしている。	・動きの小さい子どもにも「そうそう、そんな感じ」と肯定的に励ます。
2分	しんぶんしを片付ける。怪我などないかを確認する。	【まとめ】 ◎「しん先生また来てね」と口々に言い、この遊びをまたやりたい様子がうかがえる。	【まとめ】 ◎「面白い動きがいっぱいあったね」と投げかけ、「楽しかった? またやろうね」と予告する。

理論を知ろう：
「身体」で「表現」する可能性

　「身体表現」と聞いたとき、舞踊や舞踏のようなものを思い起こす方も多いかもしれません。しかし、私たちが身体を媒介して表現するとき、それはなにも上記のような芸術表現のみとは限りません。

　少しばかり私の経験を話しますと、入学して最初の授業で学生に授業方針などを説明していたのですが、入学したての緊張感もあり、学生は姿勢よく座って私の話に耳を傾けていました。しかし、授業評価の説明の段階に至って、レポート課題を課すことを学生に伝えると、「えー」という落胆の声があちこちから聞こえる中、それまでまじめに座っていた学生が、のけぞったり身体を傾けたりしながらいろいろな反応を見せるのです。ここに、ある種の自然な身体表現が顕現していたといえるでしょう。

　この事例から何が言いたいのかといいますと、注目すべきは、姿勢よく座っていた18歳くらいの学生のまじめな身体が、その瞬間、素の身体へと変容したということにあります。それは、「いやだな…」という感情を、学生が自然に表現した瞬間でもあります。ここであえて、「まじめな身体」を理性的な身体というとすれば、同時に私たちは「素の身体」ももっているということがいえるでしょう。

　ただし、この「素の身体」で表現する頻度は、大人の私たちにとってあまり多くはありません。その背景にあるものは、私たちの「近代化した身体」にあると考えられます。それは、原初生産性から労働としての規格に適した産業的な身体への加工によって作りだされた身体です[1]。このように加工された私たちの身体は、それを表現するにあたって、先の例に示した学生の表現でさえ、「素の身体」とはほど遠いのかもしれません。

　しかしながら、私の前で反応をみせた学生たちは、その瞬間に紛れもなく何かを表現していましたし、表現しようとしていたのです。この表現に関して、「まじめな身体」から学生を遊離させたものについて考えてみますと、それは第三者に見られる「学生としての私」を離れた身体であると考えられます。つまり、その瞬間に現れていた学生は、主体も客体からも離れた「中間的な出来事」[2]

としての身体を有していたといえるのです。

　さて、ここで今一度、冒頭の「身体表現」という科目に立ち戻って考えてみましょう。それは制度的に用意されたものではありますが、その対象は、紛れもなく子どもたちです。つまり、子どもたちが遊びや活動を通じて表現する身体へ、保育者は目を向けていく必要があるのです。このような「遊び」の本質について、ガダマーは「中間的な出来事」として、次のように説明しています。

　遊びの運動そのものは、いわばそれを担う基体を欠いたものである。それは演じられ、あるいは起こるものであり、そこでは遊んでいる主体を確定することはできない[3]。

　このような「遊び」を通じて表現される子どもの身体は、さまざまな規格によって均質化された身体とは異なり、それらから離れた無垢な身体によって表現されるものだといえるでしょう。そして、このような身体は、何か別の目的のための身体でもありません。つまり、そこで表現される子どもたちの身体それぞれは、「できる／できない」といったような規格に収まるものでは到底なく、この「できる／できない」に拘泥するまなざしが、さまざまな子どもの身体を見落とし、用意された規格へと一直線へ結びつける行いにほかならないのです。

　それがある種の迷いや葛藤であるにせよ、喜んで何かを行っているにせよ、それぞれの子どもがもっている豊かな表現は、それ自体として何物にも代えがたい輝きがあります。このことを忘れて、その輝きの芽を私たち大人の用意した規格によって摘み取ってしまってはなりません。

　無垢な子どもの「素の身体」に触れる機会が、「身体表現」にはたくさんあります。子どもたちの「素の身体」を通じて、私たち大人も学び、気づかされる瞬間がきっとたくさんあることでしょう。

1）三浦雅士『身体の零度 何が近代を成立させたか』講談社選書メチエ、1994、p.208.
2）ハンス＝ゲオルク・ガダマー：轡田收 他訳『真理と方法Ⅰ』法政大学出版局、1986、p.156.
3）ハンス＝ゲオルク・ガダマー：轡田收 他訳『真理と方法Ⅰ』法政大学出版局、1986、p.148.

■■■■ 編著者

佐藤 みどり （さとう みどり）

小田原短期大学　保育学科（通信教育課程）
特任教授

【専門領域】舞踊教育学
　　　　　　舞踊創作活動（芸名：さとうみどり）

●執筆担当
本書の活用方法
体つくり・動きつくり編 ― 2・3・4
　　コラム「動きと音」
　　コラム「オリジナル体操を子どもたちと一緒に」
伝承遊び・ゲーム・リズム遊び編 ― 5＊・6
　　コラム「舞踊作品と身近なものたち」
模倣遊び・見立て遊び・表現編 ― 1＊・2・4＊・5
　　【指導案】「しんぶんしで遊ぼう」〈5歳児〉

＊（公社）日本女子体育連盟授業研究グループ（1985-
2008年）での活動を元に実践

上野 奈初美 （うえの なうみ）

小田原短期大学　保育学科　教授

【専門領域】健康科学・身体教育学

●執筆担当
シラバス対応について
伝承遊び・ゲーム・リズム遊び編 ― 1・2・4
　　コラム「引き出しをつくろう」
　　【指導案】リスと家＜4歳児＞
模倣遊び・見立て遊び・表現編 ― 3

■■■■ 著　者

中山 貴太 （なかやま たかひろ）

小田原短期大学　保育学科　専任講師

【専門領域】スポーツ健康科学・スポーツ教育学

●執筆担当
体つくり・動きつくり編 ― 1
伝承遊び・ゲーム・リズム遊び編 ― 3

水島 徳彦 （みずしま なるひこ）

小田原短期大学　保育学科（通信教育課程）
専任講師

【専門領域】体育学・体育哲学・スポーツ倫理学

●執筆担当
体つくり・動きつくり編
　　理論を知ろう：「遊び」へのまなざし
模倣遊び・見立て遊び・表現編
　　理論を知ろう：「身体」で「表現」する可能性

感じて楽しむ身体表現

～保育者のための 15 のアイデア～

2024 年 3 月 3 日　初版第 1 刷発行

©編著者　　佐藤みどり　　上野奈初美

発行者　　服部直人

発行所　　株式会社萌文書林
　　　　　〒 113-0021
　　　　　東京都文京区本駒込 6-15-11
　　　　　TEL　03-3943-0576　FAX　03-3943-0567
　　　　　https://www.houbun.com
　　　　　info@houbun.com

印刷・製本　中央精版印刷株式会社

ISBN978-4-89347-416-2　C3037

日本音楽著作権協会（出）許諾第 2307005-301 号
　　　　　　　　　　　　許諾第 2308957-301 号

イラスト　西田ヒロコ
デザイン　大村はるき